MW01621188

El día que aprendí que no sé amar

Aura García-Junco

El día que aprendí que no sé amar

~~Ars amatoria~~

Seix Barral, un sello editorial de Editorial Planeta, S. A.
Avda. Diagonal, 662-664, 08034 Barcelona (España)
www.seix-barral.es
www.planetadelibros.com

Primera edición: marzo de 2022
ISBN: 978-84-322-3982-3
Depósito legal: B. 2.923-2022
Impresión y encuadernación: CPI Black Print
Printed in Spain - Impreso en España

El papel utilizado para la impresión de este libro está calificado como papel ecológico y procede de bosques gestionados de manera sostenible.

Para la gente que quiero

La experiencia dicta mi poema;
desprecien sus consejos saludables:
~~canto la verdad.~~

~~Publio Ovidio Nasón,~~ *El arte de amar*

—Por Dios, mamá —respondo débilmente—. Yo no «elijo» a los hombres. Simplemente estoy aquí, en el mundo. Las cosas pasan, nace una atracción y reaccionas ante ella. A veces, en algún lugar recóndito de la mente, durante una fracción de segundo, piensas: «¿Esto podría ir a más? ¿Es posible que llegue a intimar con este hombre? ¿Que se convierta en mi pareja?». Pero la mayor parte del tiempo apartas este pensamiento porque esta es nuestra *vida*, mamá. Líos. Aventuras. Pasiones que siguen su curso. Incluso cuando incluyen casarse.

Vivian Gornick, *Apegos feroces*

El día que aprendí que no sé amar

El bar simulaba un departamento *vintage*. Enfrente de nosotras, unos güeros hablaban a gritos acerca de un negocio que iba *de poca madre*; al fondo, un grupo de jazz tocaba estándares insípidos, pero bien interpretados. Z. y yo estábamos sentadas en un sillón para dos, bebiendo cocteles tan elaborados que desprendían colores tornasol bajo la tenue luz de una lámpara en la mesita atrás de mí.

—Tú nunca te has enamorado —dijo ella.

Era parte de una conversación que empezó, como tantas otras veces, con la pregunta más común: «¿Tienes novio?». Después de que le contesté que sí, debimos de habernos quedado en la vacuidad cotidiana de una charla previa a emborracharse; o en las confesiones de un romance triste que crean lazos, aunque sea momentáneos, auspiciados por el alcohol. Pero no, llegamos rápidamente a ese momento en el que mi compañía de esa noche afirmaba enfática que yo nunca me he enamorado.

¿Y cómo llegamos a la parte en que se descubre mi estatus de tullida sentimental? Con una respuesta que a lo largo de mi vida ha resultado más traumática para mis interlocutores que para mis parejas: «Tengo una relación abierta».

A partir de ese momento, la frase arriba señalada se volvió el *leitmotiv* de la conversación. Venía acompañada de recomendaciones que, sospecho, tenían como finalidad salvar mi alma del infierno emocional. Debía aprender a querer. Nadie en su sano juicio puede pretender que una relación abierta sea otra cosa que la renuncia al Amor Verdadero. Cuando creciera vería. Me iba a enamorar y con ello aprendería lo que es una relación real. Titubeé. Nunca he sabido bien qué hacer en esos casos. Intenté defenderme y murmuré algo así como que de hecho yo sí amaba, y mucho, a mi novio, con quien llevaba años para ese entonces; luego dije también que no era mi primera relación abierta. Por último, hice un leve y bastante tibio intento de justificar mi relación ante la que hasta hacía unas horas era una extraña, pero que ahora actuaba como si me conociera en profundidad.

Pero «tú nunca te has enamorado» fue el juicio de Z., y no hubo manera de que la conversación se escapara grácilmente de ese rellano.

Hay algo que debo precisar: no tengo la intención de imponer a nadie la forma en la que yo deseo, me gusta o elijo relacionarme. Nunca he ido por la calle con una pancarta en letras rojas que diga «¡Muerte a la monogamia!», tampoco he creado una petición de Change.org para que se prohíba la fantasía más «clásica» del Amor, esa en la que uno envejece feliz con una sola persona y nada más (aunque bien nos haría dejar de pensar que ese es el único objetivo). No le he recomendado a mis amigxs que abran sus relaciones, cual testiga de Jehová posmoderna, a menos que me hayan preguntado al respecto de manera explícita. Entonces, no me explico por qué más de una vez, y de hecho muchas, me he encontrado a mí misma irguiendo un escudo, porque ni a espada llego, para evadir los madrazos argumentales que me suelta la gente cuando escucha esa invocación a Belzebú —«relación abierta»— salir de mi boca.

Las reacciones negativas se acomodan en una amplia gradación: desde el menosprecio de todas las relaciones en las que he estado en la vida hasta el coraje puro. Incluso he sorprendido a alguna psicóloga diciéndome cosas como «creí que con él sí querías algo más serio» cuando mencioné estar en una relación abierta. Chanclazos que una recibe en los lugares más inesperados.

De vuelta a la penumbra del bar. Para este momento, Z. ya se había tomado tres whiskies y su dicción no era la misma. Yo, más borracha de lo que sabía que estaba, empezaba a pensar que ella tenía una agenda oculta.

La conocí en un programa que se nos dijo que sería un documental, pero que en cambio resultó ser un quasi *reality show* chafa sobre artistas jóvenes que participan en retos artísticos y son filmados haciendo cosas «normales» pero fingidas (como leer en el pasillo, regar plantas, encontrarse «casualmente» en medio de un museo), y por ello levemente ridículas. El último día de esa tortura a la que me expuse por un par de meses, Z., que me llevaba unos seis años, se mostró amigable pero cortante, con iniciativa y frenos, interesada y distante, lo que me sumergió en un coctel de contradicciones tan fuerte como los que después tomaríamos en el bar. Al terminar la grabación, me pidió mi número. Después, me dijo que fuéramos a beber algo un día de esa semana. Después, que qué me tomaba. Después, que no sabía amar. Después, que me iba a enamorar un día. Después, previsiblemente… que de ella. Vuelta de tuerca. ¡Ella me iba a enseñar a querer! ¡Pero qué suerte! Llegué a ese bar sin otra expectativa que emborracharme y escuchar alguna versión deprimente de *Summertime*, y en cambio se abrió ante mí la posibilidad de rehabilitarme y conocer, al fin, luego de 26 años, el amor.

Me paré al baño, más que otra cosa para escapar, y de camino noté que mis pasos estaban más cerca de una quebradita que de un cuatro. Me tomó por sorpresa porque solo había tomado dos tragos y no solía ponerme tan borracha. No tengo que contarle a la lectora (que seguro lo ha visto en películas) que la experiencia con ese grado de borrachera, en un baño de bar, colinda con lo lyncheano. Quizá por eso, cuando me abrí paso entre las penumbras y volví a sentarme al lado de Z. en el silloncito para dos, lo mejor que se me ocurrió hacer fue... besarla.

Solo por diversión, quisiera ahora desglosar lo mal que estuvo eso. Primero que nada, Z. había pasado más de dos horas diciéndome que yo era «una cuadrada», que nada de lo que creía sobre mí o mis relaciones estaba bien. Después, salpimentó esto con una anécdota exquisita de un músico con quien tuvo un romance. Se entiende por romance: una dinámica de sadomasoquismo puro, en la que él iba a su casa y aullaba (leyó bien, aullaba) en la calle, mientras ella se negaba a abrirle la puerta; pero luego cogían, pero luego se insultaban. Como para probar la autenticidad de toda la cosa, el universo quiso que mientras me contaba eso, recibiera un mensaje del susodicho, que ya quisiera yo tener mejor memoria para poder recordarlo completo, pero decía algo así como «soy un lobo, un lobo en cacería, mi feroz bramido retumba en la noche, auuu».

Luego, hubo un momento en que negó toda atracción hacia las mujeres, y finalmente profirió la ya mencionada línea en que se predecía mi amor por ella.

Al final de todo eso, de una velada que de ninguna manera calificaría como agradable, la besé. A la fecha me sigo preguntando por qué hice eso. No me atraía, no me caía particularmente bien hasta ese momento, su trato tampoco era agradable; en fin, no se cumplía ninguno de los requisitos mínimos para besar con gusto. No sé cómo (hay segundos borrados de esta historia) regresé a dormir con mi pareja. Las palabras «relación abierta» me sabían pastosas.

Al día siguiente, Z. me escribió un mensaje. Quería saber cuándo nos veríamos de nuevo. De hecho, me dijo, ¿qué tal si hacemos de los miércoles *nuestros* días? Yo estaba cruda y perpleja. ¿Por qué querría que saliéramos de nuevo si la cita había sido horrible? Mientras todo esto ocurría, mi novio se despertó a mi lado. Me preguntó somnoliento qué tal me había ido y yo musité un *normal* más bien desganado. No podía contarle que me había sentido pésimo, que besé a alguien sin querer y que hablamos de él. Nuestro acuerdo dependía de guardar secretos y asumir que estaban ahí. Digerirlos en silencio.

Esa noche me dejó muchas dudas. ¿Qué un beso no se relaciona con aquella difusa idea llamada «amor»? ¿Qué no lo opuesto es el desagrado? ¿Qué no, si me maltratan, mi instinto de supervivencia debe activarse y, definitivamente, eso no comprende besar a mi maltratadora del momento? Pero más importante, ¿en serio amo a mi novio? ¿Y si es así, no puedo querer estar con otres a la vez? Inmersa en esta confusión empecé la búsqueda de mi propio manual para amar.

Voy a cantar al amor ~~apacible y a los arrebatos permitidos,~~ y no habrá ~~delito alguno en mi~~ poema.*

* El libro referido al inicio de los capítulos es *El arte de amar* (*Ars amatoria*). A menos que se indique lo contrario, la traducción que utilizo para las citas de Ovidio es la de Francisco Crivell, que han reproducido múltiples editoriales.

El filósofo de la salsa, o ¿qué está pasando?

Nací con dos pies izquierdos y muchas ganas de bailar. He tomado varias clases de baile a lo largo de mi vida con resultados desiguales. En 2017 agoté todos los cupones que internet ofrecía para aprender salsa, y mi recuerdo de las clases es el de un microcosmos de la misma división por géneros, bromas sexistas incluidas, que el mundo de afuera. Desde entonces, un chiste común entre mis amigas gira en torno a un paso llamado «deja que Roberto te toque», que nosotras rebautizamos como «deja que Roberto te toque la chichi» porque al dar la vuelta hubo un buen porcentaje de invasiones corporales que nos disuadieron de regresar. Por eso me sorprendí tanto cuando en el año 2020, en mis nuevas clases, el maestro les dijo a los hombres, con especial énfasis, que no debían incomodar a la mujer al dejarla sin espacio, que no debían jalarla tanto ni con demasiada fuerza, porque de otra manera: «Nos volvemos un novio tóxico. Y si intentamos obligarla a que se quede, con más ganas se va a ir».

El filósofo de la salsa sabe que ya esperamos otras cosas del baile y de las relaciones. La cultura del amor está en movimiento y el territorio precisa un nuevo mapa:

> Estamos entrando en lo que me parece que es un territorio no mapeado y, por primera vez en la historia, tratamos de tener relaciones que no estén basadas en la coerción. Coerción hacia las mujeres por dependencia económica y legal, coerción hacia las mujeres por sus cuerpos, coerción a los hombres por las estructuras sociales y económicas. Estamos intentando, creo, encontrar un nuevo balance.[1]

Estas palabras de Stephanie Coontz, investigadora especializada en historia del matrimonio, apuntan al enorme cambio que experimentamos en piel propia los, las y les[*] que queremos relacionarnos en este siglo (o sea, todas, a menos que vivamos en el ostracismo). El océano en el que navegamos busca cartógrafas hábiles. Los viejos trazos comenzaron a quedarnos chicos hace tiempo y muchas de nosotras sentimos que estamos navegando en mares tan tormentosos como placenteros. La teoría se mezcla con la práctica: cuando beso a alguien, en ese mismo instante en que las pieles se juntan, un conjunto de elementos besan conmigo. La impronta de los últimos dos siglos, los prejuicios, pero también los deseos de cambiar las cosas y la certeza de que están cambiando.

Mientras internet y las clases de salsa se llenan de advertencias sobre las «relaciones tóxicas», seguimos bai-

---

[*] Por economía del lenguaje, este libro está escrito principalmente en femenino, con referencia al masculino y neutro o duplicaciones solo cuando se requiera explicitar algo. Utilizo la *e* para señalar lo no binario y la *x* cuando quiero agrupar todos los pronombres.

lando la misma vieja canción. Después de un par de clases, ya más entrados en confianza y sin tantos pisotones de por medio, el filósofo de la salsa se aventó una joya:

—¿Qué ven aquí? Hay mucho espacio entre ella y yo, ¿no? ¿Y qué pasa si dejo mucho espacio en medio? Se mete un compadre. Si dan mucha rienda, les roban a la mujer.

Y el colofón:

—La mejor forma de control es dar espacio, pero nunca demasiado.

Las mujeres se siguen robando, los compadres se siguen metiendo, la pareja se sigue controlando. La misma vieja salsa en que el hombre guía y la mujer sigue. Muchas veces el discurso progre se queda en la mera enunciación, como una especie de ornamento.

Por un lado, muchas estamos intentando, desde nuestros humildes *nidos de amor*, romper el *statu quo* de las relaciones, o al menos cuestionarlo. Tratamos, como dice Coontz, de tener relaciones cada vez menos basadas en la coerción; pero esto no es la regla, y tampoco el resultado es siempre el deseado. Muchas otras personas y producciones culturales están felices de regodearse en los mismos paradigmas de ¿antes? Como exploraremos en estas páginas, el eterno tópico de «todo tiempo pasado fue mejor» embiste con fuerza y se recubre de mil nombres, de naturaleza y hasta de moral. Lo que sí ha cambiado es su capacidad para disfrazarse mejor:

Hola, me gusta que me digan relación laica, pero creo que para estar bien con mi pareja (llegar al paraíso) hay que hacer penitencia, mucho gusto. Hola, me llamo macho ilustrado y soy buena onda, así que *dejo* trabajar a mi mujer. Hola, soy la heteronorma progre, y está muy padre tu onda de las relaciones abiertas, pero eso no es amor.

El discurso y la práctica están desfasados.

♥

En México, el discurso de las relaciones no coercitivas es una especie de nata; recubre solo a ciertos círculos sociales progres, se anuncia en algunos medios, se predica en las redes, se vive *más o menos* en las ciudades (incluyendo sus clases de salsa de clase media), se cuela un poco por aquí y por allá, pero sigue en calidad más de mito o deseo que de praxis. Nuestro machismo nacional dice que el hombre es dueño de su pareja; a veces, de la vida al cadáver hay una relación de por medio.[*] No se puede hablar de amor sin mencionar las inequidades de género que llevan a la violencia feminicida. La idea misma de Amor Romántico, como veremos después, está permeada de esos desbalances feroces.

Desde mi torre situada en la alcaldía que se presume con «la calidad de vida de Europa» (ya quisiera yo tener su autoestima), me queda claro que hay otros muchos

[*] Kenya Herrera Bórquez señala, en su tesis sobre mujeres buchonas, que en México el género sigue siendo una estructura tan inflexible, tan binaria, que todo lo que se salga de la norma se torna una amenaza. «Una mujer que se asume como sujeto, en una sociedad que la asume como sujeto no subyugado, es una amenaza para el hombre cuyo deber ser es el del proveedor, el director, el que está a cargo de las decisiones.» Si partimos desde ahí, desde esa poca (que no inexistente) flexibilidad que es especialmente vigente en cuanto nos alejamos de ambientes «progres», podemos notar uno de los principales problemas a los que las mujeres nos enfrentamos cuando tratamos de volvernos sujetas activas de nuestras elecciones en el amor. Ni qué decir de lxs individuxs que se salen de la norma.

contextos en los que no es tan fácil ir por ahí proclamando que crees en el *amor libre* y que «no soy de ti ni de nadie»; y mucho menos cosas tan básicas como que eres libre de asumirte no heterosexual o trans. No lo es tampoco en los círculos «progres», como veremos después.

Sin embargo, es innegable que en el aire flota la idea de que estamos viviendo el cambio. Cada vez más personas, queriendo o sin querer, exploramos estos nuevos senderos amorosos y, entre tropezones y vueltas guapachosas, tratamos de entender el querer y coger desde otros ángulos.

♥

Una nota: este texto parte de una experiencia particular y de una época concreta. La presunción de Coontz de que algo sucede «por primera vez en la historia» ya es en sí misma dudosa. Occidente tiende a pensar el mundo como si fuera de una sola manera, a universalizar ideas, lo que deriva en una visión colonialista que tenemos todas metida dentro del pecho en mayor o menor grado. Lo menciono porque a lo largo de este libro hay una gran cantidad de generalizaciones de este tipo. Sin duda siempre se puede argüir que hay y ha habido un sinnúmero de experiencias distintas, y es cierto e importante: en estas páginas lo único que pretendo es hacer un acercamiento a la manera en que nos relacionamos en la actualidad en algunos sectores de clase media urbana en México, hasta donde me es posible ver, con todos mis puntos ciegos y limitaciones.

Por más cuidadosa que trato de ser, a veces el clasismo se me cuela. En los primeros manuscritos de este libro, contaba la siguiente anécdota destinada a señalar que en los círculos progres te pueden mandar al ostracismo por andar predicando tu deseo de una relación abierta, pero al menos no te acerca al Río de los Remedios: cuando era adolescente, una amiga y yo pasábamos seguido al lado de ese apestoso cuerpo de agua. Para mí era la frontera simbólica que dividía mi casa, en la Gustavo A. Madero, de la suya, en Ecatepec. Subidas en algún pesero saltatopes, muchas veces bromeamos sobre perdernos en las calles de Ecatepec y amanecer flotando en el río. Nos quedamos heladas cuando, en 2014, el río fue drenado y 21 cadáveres, 16 de ellos de mujeres, emergieron de sus aguas pantanosas. No fue la primera ni la última vez que el río sirvió (y sirve) de cementerio feminicida.*

Pienso ahora que la afirmación que distingue el mundo progre del «otro mundo» no es del todo real. Para prueba, un feminicidio que me impactó mucho cuando estaba en mi licenciatura. En 2009, Alí Dessiré, estudiante de Letras Clásicas feminista, fue apuñalada 26 veces por su exnovio en una fiesta de muy educados universitarios, precisamente porque le dijo que quería una relación abierta.** Y no nos olvidemos de los #MeToo que han involucrado a escritores, periodistas, investigadores,

* La investigación de Lydiette Carrión «La fosa de agua» es un horripilante relato que describe todas las aristas del problema: desde policías coludidos hasta abogados que se dedican a sacar feminicidas de prisión.

** Tampoco está de más recordar que el feminicida de Alí Dessiré, cuyo nombre no pondré aquí porque para qué reproducirlo, estuvo a punto de librarse del castigo penal porque su hermano es un exdiputado. Si no fuera por la presión de la familia y amigas de Alí, que formaron el colectivo Alí Somos Todas, los resultados habrían sido muy distintos.

etc., y que han revelado el fétido olor que sale de debajo de nuestras camas por mucho que intentemos ignorarlo. El machismo es un problema que recorre todos los estratos de la sociedad, pero es más fácil asumir que está en otro lado, bajo la presunción clasista y colonialista de que lxs otrxs son «menos civilizadxs» que yo. Recorre también todos los géneros. Nadie se escapa por completo de sus redes, aunque algunas personas sean más conscientes que otras, y actúen en consecuencia.

Utilizo genéricamente los términos hombre, mujer, a falta de otros que resulten igualmente útiles para describir las dinámicas, binarias como son, en las que actualmente habitamos. De igual manera, este libro parte de un análisis que es en gran medida cis- y heterosexual. Algunas cosas se pueden extender hacia otros lugares y experiencias, otras no. Ojalá en el futuro esos elementos dejen de ser la norma y se vuelvan solo una de las muchas opciones que concebimos para experimentar el mundo, como de hecho lo son. Ojalá, también, este libro sea útil para la mayor cantidad de personas posibles.

♥

Youtube sabe todo de mí. Entre vídeos de cumbia, gatos y ejercicio, siempre logra colar alguna animación sobre relaciones y traumas. Así descubrí un documental de la Deutsche Welle llamado *El amor, más que un sentimiento.*[2] El reportaje inicia afirmando que «investigadores de todo el mundo quieren saber cómo funciona el amor, qué pasa en nuestro corazón y nuestro cerebro». Excelente, me dije, eso es justo lo que yo quiero. Me dispuse a tomar notas. Pero luego, en los siguientes cuarenta minutos, observé cómo el amor era reducido a puras ciencias duras. Una serie de experimentos rodeaban, principalmente, sus formas mensurables: estímulos e interacciones, hormonas y enfermedades. La oxitocina se dispara cuando nos enamoramos y nos hace actuar de maneras cercanas a la locura; dejamos, literal y biológicamente, de ver si nuestra pareja es guapa, fea, inteligente, mala; el juicio se opaca por la potencia de la «hormona del amor» hasta que esta decae después de algunos años y nos encontramos ante el signo de interrogación que es nuestra pareja sin el influjo poderoso de la hormona. En el documental, algunos neurobiólogos se preguntan qué pasaría si una pareja de varios años se administrara oxitocina inhalada. Según esta hipótesis, habría menos peleas, mejor sexo (que no más, porque parece ser que la hormona no aumenta el deseo sexual en sí mismo), una unión más profunda. En esta utopía de ciencia ficción nadie parece preguntarse por las causas sociales y psicológicas de la pelea en sí misma. La oxitocina activa el proceso físico del enamoramiento, pero no contesta las preguntas medulares: ¿qué es el enamoramiento?, ¿por qué le damos tanta importancia?, ¿por qué es una fuerza a la vez creadora y destructora?

El documental dice que las mujeres eligen a sus parejas de acuerdo con una serie de señales hormonales que demuestran diferencias en el sistema inmunológico del hombre en cuestión, todo en pos de que la progenie sea más sana. (Que alguien me explique por qué he elegido como parejas a fumadores adictos a la Coca-Cola.) Se menciona de refilón que esto no parece ser así cuando están tomando anticonceptivos hormonales; se menciona, también de refilón, que parecen también interesarse en que el hombre en cuestión tenga un buen estatus social. Esas cosas que quedan de lado, las preguntas que no se hacen, son las que deben pensarse. La biología y la neurociencia puede pensar el amor como una serie de síntomas o teorías físicas, pero este es tan cultural, tan diverso de sociedad a sociedad, y con reglas tan explícitas y tácitas que cambian con el tiempo o con el sector de la población, que ni siquiera sus regularidades, toda esa oxitocina y todos esos instintos biológicos, dan una respuesta clara. Por el contrario, me parece que dan solo un atisbo de lo menos importante. La ciencia, enfocada así, se pregunta cómo podríamos estar juntos para siempre pero no *por qué* querríamos estar juntos para siempre o *a costa de qué*.

El amor suele comprenderse como un monolito, pero está compuesto de muchas nociones culturales y es profundamente ideológico. Entre culturas y épocas, las formas de amar y de formar relaciones estables han variado hasta extremos inimaginables. Lo que quiero señalar aquí es la complejidad del fenómeno, que trenza factores biológicos con siglos de nociones culturales. Explicar los mecanismos físicos que se activan es una cosa, pero asimilarlos al concepto mismo de amor deja fuera preguntas urgentes y una larga historia. Además de ignorar también preguntas que se salen de la heteronorma: ¿qué pasa con la atracción entre personas del mismo género, la atracción trans, la asexualidad? (Que no se nos olviden los sesgos que la ciencia ha cargado a lo largo de su historia, con estudios cuyos participantes no suelen ser diversos y en cuyas respuestas se presumen universales.) La ciencia por sí sola no nos va a decir cómo llegamos al embrollo en el que estamos ni cómo desenredarlo. En algún punto intermedio el abanico de posibilidades se expande.

~~Que la demacración pregone las angustias que sufres,~~ y no ~~repares en cubrir con el velo de los enfermos tus hermosos cabellos. Las cuitas, la pena que nace de un sentimiento profundo y las noches pasadas en vela aniquilan el cuerpo de las jóvenes; para lograr tu intento~~ has de convertirte en un ser digno de lástima, tal que quien te vea exclame al punto: «Está enamorad~~o~~a».

El hilo rojo, o que si esto es el amor

La idea de que quedarnos con alguien toda la vida es la única finalidad de una relación, de que si no dura para siempre es un fracaso, de que las peleas solo son parte de un camino hacia el Amor, y por tanto necesarias, son eslabones de ese constructo cultural llamado Amor Romántico S.A. de C.V.

Una frase en Facebook afirma contundente: «No me vengan con cuentos… ni hilo rojo, ni media naranja, ni príncipe azul. El amor romántico nos pone en lugares desnivelados. #Antisanvalentín». La sigue una imagen que muestra un hilo rojo, metáfora del amor único, magnificado para mostrar que en realidad es alambre de púas: «Si duele, tal vez no sea hilo». Las respuestas (¡110 humanxs peleándose!) son de todos los sabores. Cada una presenta una idea particular del amor, pero se dividen claramente en dos grupos: lxs que defienden el amor romántico, que asimilan con la idea de romance (flores, citas, caballerosidad) y también en gran medida con la de que el dolor y las peleas son necesarias. Ese grupo clama por su derecho a que los dejen amar así, a la clásica. Se sienten juzgados en su intimidad y dicen:

> Existe el amor… el amor de verdad… y cada uno lo vive como quiere y siente. Sí, coincido en que el amor nunca hace mal, pero por más que se ame también se pelea y eso también contribuye a acrecentar el amor!! (*sic*)
>
> El hilo rojo es real. Siempre hay un amor que pudo no ser… Que es el ideal. Aunque muy pocas personas se quedan con su hilo rojo, pero la mayoría llegamos a conocerlo.

El otro grupo les explica, con frecuencia en tono pedante, que el Amor Romántico no es lo que creen, que las flores nada tienen que ver con el término y que no es la cita a la luz de las velas la que está mal, sino el sistema completo. ¿Cómo es que el sintagma Amor Romántico puede tener sentidos tan opuestos para personas que convergen en un solo muro de Facebook?

Me parece que uno de los principales problemas es terminológico. Fuera de algunos restringidos círculos, el sintagma *amor romántico* habla más de cierta idea de pasión, de *romanticismo* (la ya mentada cita, los detallitos, la ternura, los chocolates y globos); mientras tanto, desde el feminismo, la noción de *amor romántico* hace referencia más a un modelo específico de afectividad que tiene una historia particular y comprende una serie de elementos, los cuales enumeraré en la siguiente sección. El término sigue siendo un tecnicismo cuyo uso está restringido a algunos grupos.

La pelea en los comentarios de esta publicación me hace cuestionarme quién posee los términos para nombrar un fenómeno y por qué quienes creemos tenerlos nos sentimos en posición de superioridad con respecto a quienes no. Creo que hay que llevar la conversación a terrenos menos hostiles, más propicios para los matices. Cuando pienso en esto, intento tener presente que si señalas la forma de relacionarse de alguien más como algo nocivo, estás entrando al resbaloso terreno de la intimidad ajena, ahí donde todos los sentimientos quieren estallar. El cariño y el cuidado siempre estarán por encima de la teoría, como también suele estar la experiencia.

♥

La princesa prometida (*The Princess Bride*) es una de mis películas favoritas. Ocupaba un lugar importante entre las jornadas exhaustivas de películas medievaloides a las que mi papá me exponía de niña. Fueron estas las que con el paso del tiempo consolidaron mi interés por los temas medievales y las épocas distantes; pero el culto por las espadas y los vestidos pomposos no fue lo único que me inseminaron. Tanto en esta película como en otras muchas obras ambientadas en otros tiempos, el centro de la narrativa es el fenómeno que Christopher Ryan llama *flinstonization* (*flinstonización*), en el que se impone creencias modernas en culturas o fenómenos sociales del pasado.* En el caso

* La palabra viene de la caricatura *Los Picapiedra* (*The Flintstones*), en la que una familia prehistórica vivía exactamente igual que una de los años cincuenta, en un núcleo compuesto por padre, madre e hijos, con padre que trabaja, mujer que cuida el hogar. Ryan explica el fenómeno como un traspaso de valores modernos, principalmente desde la ciencia, hacia hechos

de *La princesa prometida*, el medievo (*sic*) se trasviste del Amor Verdadero como lo entendían en los ochenta, y, en gran medida, como se entiende también ahora. Todas sus relaciones son básicamente iguales que las de cualquier telenovela con Lucerito de niña, pero hay más caballos y vestidos suntuosos. Buttercup, la protagonista, y Westley, su campesino de confianza, se enamoran y se juran Amor Para Siempre, puesto que su amor es Amor de Verdad. Luego Westley es secuestrado por un malvado pirata y muere, y Buttercup jura no volver a amar. A partir de ahí, la película entera se vuelve un manual exhaustivo de Amor Verdadero. Algunas de las cosas que mi yo preadolescente aprendió viéndola son:

1) El Amor Verdadero es único, sucede una vez en la vida y

2) Va más allá de la muerte. (Westley dice explícitamente: «La muerte no destruye al Amor Verdadero, solo lo retrasa un poco».)

3) Quien decide rehacer su vida luego de que perdió al Amor Verdadero nunca lo sintió realmente. Como ya se dijo en los puntos 1) y 2), solo puede existir una vez; si hay algún romance después, significa que el primero era solo una ilusión. Es Amor Para Siempre o es mentira.

4) *True Love Will Find You in the End*, como dice la canción. Hay algo casi mágico y cósmico sobre encontrar el amor que va más allá de lo humano, y es que solo *sucede*.

pasados, por ejemplo, cuando se asume que la monogamia siempre ha sido regla entre los humanos a partir de la experiencia del propio tiempo desde el que se estudia.

5) Cuando sucede, sabes que está ahí y tienes que entregarte con todo tu ser para luchar por ello. Si parece no funcionar, el problema es temporal. Lucha y vas a superar todos los obstáculos, incluyendo secuestros, asesinatos, Acantilados de la Locura, príncipes malvados y locos, insultos de tu novio y demás.

Este conjunto de creencias corresponde a la idea de Amor Romántico S.A. de C.V. que tantas narrativas actuales y pasadas han reproducido hasta convencernos de que es la única y verdadera forma de querer.

♥

Para llegar al Amor Romántico partamos de aquello que se define como «amor». No pretendo llegar a una conclusión filosófica y elevadísima, digna de un gran señor, sino abordar dos acepciones relevantes.

La primera es la que propiamente remite a Eros, Cupido, ese flechazo que más bien podríamos meter en la idea de enamoramiento. ¿Qué se denomina amor cuando se piensa en Cupido? El momento en el que vemos a otro ser y nos enamoramos a causa de un querubín que perfora con flechas, que hiere y castiga con su arma. Un niño inocente que en su travesura lastima. Una está parada en un bar y ese maldito Cupido lanza una flecha que lo cambia todo. La víctima de Eros es, ante todo, pasiva; solo le sucede. Por ello, también le es imposible evitar el evento. Eros es ese levante hormonal que viene de manera inmediata. Esa etapa de enamoramiento que es más fuerte los primeros seis meses (serotonina) y luego sigue existiendo de manera ligeramente más mesurada (oxitocina) por otros pocos años.[1]

Es relevante pensar que, en griego antiguo, la palabra *Eros* hace referencia tanto a la idea de *deseo* como a la de *carencia.* «Donde Eros es carencia, exige tres componentes estructurales para ser activado: el amante, el amado y aquello que está entre los dos», dice Anne Carson al hablar de un poema de Safo en el que la poeta ve a un hombre hablar con la mujer que ella ama.[2] Ese espacio, minúsculo o enorme, en el que los amantes nunca se unirán es el motor de Eros. Carson habla de los límites que rodean al ser y que lo definen como una unidad ajena al amante, de ese breve intervalo entre decir *te amo* y recibir de vuelta un *te amo también*, de la «ausencia presente» del deseo. Esther Perel, psicóloga especialista en relaciones, señala que «mezclarte» o «fundirte» con tu pareja, cosa común en relaciones largas, es la mejor manera de matar la pasión, porque para que haya deseo tiene que haber un límite entre los amantes, el pequeño misterio que es el otro.[3]

Este primer periodo de acercamiento a otra persona, en el que se vive a plenitud la incertidumbre de Eros, con todos los movimientos químicos, es el que más idolatra la cultura pop. Es donde viven y perviven la mayoría de las relaciones que vemos en la televisión, la música y el cine.

Uno de los pasajes más bellos y precisos sobre el primer enamoramiento aparece en *Dafnis y Cloe*, una novela erótica griega escrita por Longo de Lesbos en el siglo II. El amor y el enamoramiento, que son lo mismo y a la vez no, una vez más son asimilados. Después de bañarse con Dafnis, el pastorcillo que antes era solo su compañero,

Cloe, también pastora, deja de poder dormir, descuida a sus ovejas y llora sin razón:

> Estoy mala e ignoro mi mal; padezco y no me veo herida; me lamento y no perdí ningún corderillo; me abraso y estoy sentada a la sombra. Mil veces me clavé las espinas de los zarzales y no lloré; me picaron las abejas y pronto quedé sana. Sin duda que esta picadura de ahora llega al corazón y es más cruel que las otras. Si Dafnis es bello, las flores lo son también; si él canta lindamente, no cantan mal las avecicas. ¿Por qué pienso en él y no en las avecicas y en las flores? ¡Quisiera ser su flauta para que infundiera en mí su aliento! ¡Quisiera ser su cabritillo para que me tomara en sus brazos! ¡Oh, agua perversa, que a él solo haces hermoso y me lavas en balde! Yo me muero, queridas Ninfas; ¿cómo no salvan a la doncella que se crio con ustedes? ¿Quién las coronará de flores después de mi muerte?...[4]

Así padecía, así se lamentaba Cloe, procurando descubrir el nombre de Amor.

El saetazo atraviesa la carne, descubres como pocas veces que el otro es un ente ajeno, y lo descubres en tanto que quieres que no lo sea. El enamoramiento concebido así no ofrece certezas, solo posibilidades y, en muchas ocasiones, miedos. A la par, ofrece un estallido de deseo, no solo sexual sino también de cercanía, de conocimiento y, en nuestra cultura, de posesión. Dentro del discurso machista y heterosexual, esta posesión es del hombre a la mujer, pero, en menor medida, también lo es de la mujer al hombre. *Soy tuyo y tú eres mía.*

La necesidad de poseer se basa en la ilusión de seguridad que eso brinda. Es una forma de aplacar lo volátil de

Eros. Enamorarse puede generar adicción y, como veremos después, algunxs adictxs no tienen empacho en dejar cadáveres emocionales en su camino con tal de obtener más y más droga.[5] A esta adicción abonan otros factores, como el imperativo cultural de querer siempre más; las nociones predominantemente masculinas de cacería, de justificar la hombría mediante las mujeres que se «poseen», la adicción al poder, al dominio del otrx. Ya sin el *glamour* del término, enamorarse puede ser adictivo porque abarca muchas satisfacciones: desde la de conseguir algo que se quiere, hasta el goce de las hormonas en el cuerpo, la emoción, la intriga, la novedad. Querer repetir la experiencia es tentador para muchxs. Para otrxs es aterrador. Quién no conoce a uno de esos maravillosos ejemplares de patán que viven de esos pequeños destellos de hormonas y, una tras otra, conquistan mujeres de las que creen enamorarse pero que luego desechan una vez que son correspondidos. En estos patrones, además de historias personales que habría que ver una por una, hay elementos culturales.

Con todo esto a cuestas, recuerdo a una amiga decirme con ojitos de borrego que este tenía que ser el bueno, que su corazón no podía estar engañándola; era el amor de su vida, tenían que casarse… llevaban tres semanas de conocerse (¿quién no ha sido esa amiga?). La importancia que se atribuye al enamoramiento es altísima. Se toma como un *omen* de algo más elevado, se dice que hay que *seguir al corazón*, metáfora imprecisa que reúne química y cultura. Muchas personas que preguntan sobre amor no monogámico inician con ese cuestionamiento: ¿qué pasa si te enamoras?, ¿qué pasa si tu pareja se enamora? El tono de voz con el que esto se dice es muy parecido a la agonía. Probablemente esa pregunta sea una de las que más temores causan, en parte porque el enamoramiento es tan pesado, tan fuerte y tan poderoso, que es difícil aceptar que puede no ser la definición completa de amor, que cuando Cloe se enamora de Dafnis, descubre solo una pequeñísima parte de lo que es, que puede ser solo un hecho puntual y no una promesa a futuro, que se puede localizar en otro espacio distinto al del absoluto del Amor Romántico, según el cual debes quedarte para siempre con la persona de quien te enamoras (y debe ser una a la vez). Es brutal pensar en que mi pareja pueda sentir una sensación tan fuerte… por alguien más.

El término *energía de nueva relación* (ENR), extendido entre las comunidades poliamorosas desde los años noventa, designa el conjunto de emociones y sensaciones físicas que surgen al inicio de un nuevo vínculo. Se ve como algo deseable para establecer conexiones, pero a la vez como un suceso que debe ser gestionado* emocionalmente. Cualquiera que haya estado enamorado sabe que las sensaciones son tan fuertes que pueden distorsionar algunas percepciones y llevar a decisiones precipitadas (hola, querido exligue con el que me quería casar, y al que vi como una estatua de mármol durante un mes y que ahora dimensiono como el simple mortal que es). Cuando se piensa desde esta perspectiva, a diferencia del Eros, se parte de la idea de que debe ser reflexionado. Lo principal es explorar la maraña de expectativas y miedos que sentimos

* A mí eso de la *gestión* emocional, de la relación como *proyecto* y muchos otros términos (por demás útiles) de las relaciones actuales venidos de la cultura anglo me suenan como a que estoy administrando una empresa en vez de pensando mis sentimientos. Intentaré moderarlos en la medida de lo posible, pero no se pueden evitar por completo.

cuando nos enamoramos. Difícil, a veces incluso imposible. Es una conducta que, como muchas otras, requiere práctica y acomodar el delicado balance entre la entraña y los deseos de la mente.

Después de terminar una relación larga, me regalé a mí misma un periodo de madrazos seriales enamorándome única y exclusivamente de personas inalcanzables, ya fuera porque estaban lejos, porque tenían pareja o porque estaban emocionalmente indispuestas. Nada me parecía más encantador que el olor a rechazo, que poder decir «yo puse todo, me quiero comprometer, pero pues la otra persona no». Y así andaba yo, bien enamorada (x4), penando por la vida. No sé si aun habiendo pensado todo lo que me he dedicado a pensar los últimos años habría canalizado mejor mis enamoramientos, pero lo habría intentado al menos. En la idea de gestionar la energía de una nueva relación no se niega lo hormonal del fenómeno; solo se invita a reflexionarlo, a construir desde la educación emocional y no desde la idea del designio divino del deseo.[*] Sin la dosis de Amor Romántico del enamoramiento se pueden evitar muchas desgracias.[**]

---

[*] También existe el concepto de *limerencia*, que Dorothy Tennov acuñó en 1977. Se refiere a la obsesión que muchos individuos sienten por un objeto de deseo. En gran medida está fincado en el pensamiento obsesivo e idealizado sobre el otro y no necesariamente requiere tener una relación para detonarse.

[**] Una nota: pensar es bueno, reflexionar sobre cómo nos relacionamos es necesario y, en el mejor de los casos, trae beneficios para una, su comunidad, sus parejas, el karma, etc., pero, lejos de esa utopía racionalista, intento recordarme que mucho de lo que hacemos viene de los lugares menos claros en la mente.

Nuestra capacidad de conectar con lxs demás, en todo sentido, reúne el componente cultural con una historia de vida. El trauma, que es un concepto mucho más amplio de lo que a menudo se cree, modifica el cerebro al

♥

En nuestra narrativa cultural, el Amor Verdadero parte del poder de Eros, se conoce desde el momento del flechazo (*el momento* puede tratarse de un lapso más amplio), y perdura hasta el Parasiempre que Westley y Buttercup, mi querida Princesa Prometida, ven más allá de la muerte. Menos que eso es traición. O peor: es fracaso. ¿Cuántas veces no nos hemos cuestionado si una relación «va a algún lado»? Y ¿cuántas relaciones malas no se mantienen solo porque terminarlas sería admitir que no fueron importantes o que se erró al elegir? Si dejamos todo por amor, cambiamos de país, olvidamos amigos, rompemos con la familia, ¿cómo admitir que era *solo* algo temporal?

La narrativa del Amor Verdadero afirma también que Eros nunca desaparece. Westley y Buttercup seguirían cogiendo a sus 40 años, profundamente enamorados luego de veintitantos de relación, edad en la que ambos morirían

grado de que hay reacciones que son, sin el trabajo adecuado, imposibles de evitar. Si alguien creció en un entorno de abandono o abuso o vivió alguna experiencia traumática, llevará esas heridas a todos los aspectos de su vida, y reaccionará acorde a ello. Una relación no monógama, por ejemplo, puede amenazar no solo los presupuestos culturales que han cimentado su comprensión de las relaciones (el amor romántico), sino también aquello que le brinda un espacio de seguridad contra su miedo al abandono. Las fibras de la sensibilidad son delicadas, y deben ser tratadas y respetadas más allá de lo que cierta teoría dice que es lo mejor.

La buena noticia, dice Bruce D. Perry, especialista en trauma, en el libro *What Happened to You?*, es que, como el cerebro se transforma para adaptarse a condiciones adversas, puede readaptarse a otro tipo de circunstancias. Si esto está acompañado a la vez por un entorno que posibilite mejores condiciones, de cuidados y afecto, el resultado es uno de reconstrucción y esperanza, y no de la eterna condena del pasado. Para eso, sí, se empieza con el cerebro y la sensibilidad trabajando juntos para buscar un camino distinto.

(solo para mantener un poco de rigor histórico con el promedio de vida medieval) en sus camas, agarrados de la mano. Nunca tendrían ojos para nadie más. Las tentaciones (nótese la carga cristiana del término) podrían haberse presentado, pero serían despejadas con el poder de su arma más valiosa, el Amor. Amantes hasta el último día. Ese es el lugar de Eros en el Amor Romántico: es el primer paso al Parasiempre, que a la vez perdura hasta el fin.

El problema, como Perel señala en *Mating in Captivity: Reconciling the Erotic and the Domestic,* viene ya implícito en la fórmula. Actualmente buscamos que nuestra pareja sea un puerto seguro en el que podamos resguardarnos del mundo tempestuoso de allá afuera. Lo seguro es lo previsible, lo que se tiene en las manos. Eros, la tormenta inaprensible. El romance del siglo XXI es la promesa de que se pueden cubrir ambas necesidades en un solo sitio. Basta ver los comentarios que recibe el libro en GoodReads[6] para tener un atisbo de la furia que desata la idea de que pasión y seguridad (o cierta idea de esta) son poco compatibles a largo plazo, especialmente en un mundo en el que el pronóstico de vida es del doble que hace ciento cincuenta años.

Aquí podemos conectar con el segundo sentido de Amor Verdadero, el que dejando a un lado el flechazo se finca en la idea del Parasiempre: seguridad, bienestar, paz. En el fondo de este está la idea de la media naranja. Cuando la encuentras, todo se soluciona. Nace en parte del diálogo platónico de *El simposio,* en el que Aristófanes narra que, en el inicio del tiempo, lxs humanxs eran un ser de dos mitades. Había tres sexos, mujer-mujer, hombre-hombre y mujer-hombre, esferas con patas y manos que, al pretender subir al Olimpo, fueron partidas a la mitad por Zeus.[*] Todxs buscamos a nuestra otra mitad, que es una y solo una, que nos hace un ser completo, le da sentido a nuestra existencia. Estamos unidxs a esa mitad por un hilo rojo. Una vez reencontradxs, nada puede separarnos. Qué bonito, qué precioso. O eso dice este mito que está entre los fundacionales del Amor Romántico. (Se nos olvida que Aristófanes era un cómico.) Buttercup nunca volvería a amar después de perder a Westley, porque solo él era su mitad. Y ahí andamos, buscando a esa otra mitad, ese ser único, entre una multitud de personajes de los más variados, como si la vida fuera un libro de *Encuentra a Wally*. Listas para encerrarlo con nuestro plumón (rojo) en el momento en que emerja entre tres sombrillas de playa y un tiburón.

♥

El Amor Romántico parte de la idea de que el amor es una elección individual que redimirá a quien lo experimente, llevándole a un plano utópico, una suerte de paraíso. Existe un kit de características de arranque: heterosexualidad, monogamia, que tu identidad de género coincida con tus órganos sexuales de la manera más tradicional. Luego, hay que construir sobre eso: poner por encima de todas las cosas a la pareja. Es la renuncia de una misma, el *te amo más que a mi vida*, el *sin ti no puedo vivir*. El peso de esta renuncia recae principalmente en

[*] Es *curioso* cómo, al contar este mito, con frecuencia se deja de lado que las esferas podían tener el mismo sexo en cada lado; es decir, en el relato hay una naturalización de la homosexualidad que convenientemente se omite.

las mujeres, puesto que para los hombres es tradicionalmente poco masculino mostrar emociones desbordadas que no sean la ira.

Marcela Lagarde señala las enormes diferencias de las que partimos cuando queremos estar en relaciones heterosexuales.[7] El anhelo de las mujeres es *ser amadas*, porque somos educadas para amar (y este anhelo se naturaliza al grado de que se dice que nos viene por *default*, que somos «seres amorosos»). En la sociedad occidental, el amor de pareja es el centro de las aspiraciones de la vida de las mujeres. Los hombres, en cambio, forman parte del sujeto amor, son los receptores; ellos *son amados,* en voz pasiva. Las mujeres se desbordan, los hombres se contienen. Las mujeres perdemos nuestros límites, buscamos romper las barreras entre nosotras y el otro, lograr que el otro dependa vitalmente de nosotras. Un hombre no admitirá esa dependencia aunque la sienta, porque «depender de una vieja, jamás». Además, su razón de ser no es el amor. La subjetividad masculina se articula alrededor de la idea de éxito: laboral, monetario, etc. El amor lo dan por sentado. Que diga, en cambio, cuánto de su tiempo ha dedicado la amable lectora a pensar en el amor en vez de en sus ambiciones personales en otros ámbitos.

Cuando pienso en esto, recuerdo una estadística brutal: cuántas personas van a ver a los presos hombres y cuántas a las mujeres. La mayoría de ellas no recibe visita alguna; la mayoría de ellos, en cambio, son visitados... por mujeres.[8] Es en esta balanza desbalanceada donde nos paramos para pensar el amor romántico y es por ello que el feminismo ha dedicado tantos esfuerzos a pensarlos y a develar sus mecanismos.

Esta desigualdad está plagada de pequeñas paradojas. El filósofo de la salsa les dijo a los «hombres» de la clase (tardó varias sesiones en decir «los que guían» en vez de «los hombres») que, como en la ley de la selva, cuando contara hasta tres, todos debíamos ir por una mujer. Puesto que eran muchas menos, solo los más fuertes tendrían pareja. Uno, dos... y mis compañeros se desperdigaron como hormigas en fuga mientras yo los veía quieta y algo divertida de que incluso en una clase se tomaran tan en serio su cacería. Debo admitir que me sentí muy aliviada de no tener que ser «elegida» por uno de ellos. La insistencia y proactividad del varón es una cualidad; la pasividad de la dama, su virtud. (Pero aun así, el hombre conquista porque es un cazador, pero no se entrega porque es un sujeto integral en sí mismo. Es amado en tanto eso.) La consolidación es el matrimonio y los hijos. Las parejas pueden pasar por una serie de retos (que no problemas), pero estos deben ser superados para alcanzar el fin mayor (la redención). En esta historia, como en todo buen cuento de hadas, el héroe es el hombre, la rescatada, la mujer, y vivieron felices para siempre. El Amor Romántico es naturalizante en el sentido de que tiende a autoexplicarse como lo *normal*, la única opción válida. No por nada, según este discurso, el Amor *Verdadero* es el Romántico. En este sistema, cualquier otra forma de amar siempre será inferior a esa. Remitiéndome a la historia que narré al inicio, para Z. una relación abierta no podía estar basada en amor *real*, puesto que no se ajustaba a aquella idea única de lo que son la pareja y el amor.

Brigitte Vasallo apunta, además, que el sistema monogámico, que está hondamente ligado con el Amor Romántico, crea una forma de jerarquía que inicia con la pareja (esta y sus hijxs si los hay) y pone por debajo de eso todo lo demás: la familia extendida, las amigas, las compañeras, etc. Unx amigx es «solo unx amigx», pero una pareja es algo más elevado.

El Amor Romántico lleva a sus adeptos a vivir en una isla que es la pareja porque desplaza la importancia de todo lo demás. Apela a la dupla en vez de a la comunidad. En este sentido tiene puesto el ojo en la idea de la pareja como un individuo, que funciona solo para sus intereses egoístas. La forma de amar en la que se nos ha educado tiene mucho del sistema económico en el que existimos.*

♥

El Amor Romántico está fincado en la idea de la guerra de los sexos. Esta afirma que los hombres y las mujeres buscamos cosas intrínsecamente distintas; que nuestras almas son opuestas. También parte de que todos somos heterosexuales y lxs que no, qué terrible para ellxs. No podemos aspirar a conocernos entre nosotrxs porque hay una oposición imborrable desde el momento en que nacemos con genitales distintos (la idea de la guerra de los sexos no contempla, claro, cualquier identidad no cis-). Aquí vale la pena notar que, si nuestras aspiraciones cuando se trata de amor suelen ser distintas, es porque hay una educación sentimental diferenciada que hace que hombres y

* En *¿Quién le hacía la cena a Adam Smith? Una historia de las mujeres y la economía*, Katrine Marçal describe la creación del *Homo economicus* y con él la de la idea del individuo que actúa solo en función de su propio bienestar. Un ser que actúa por mero egoísmo y que es ajeno a la comunidad que lo rodea. Un hombre muy hombre y muy aislado. Un hombre-isla.

mujeres interpreten un papel opuesto. Es fundamental la distinción entre esto y pensar que hombres y mujeres son así «por naturaleza».

Muchas de nuestras ideas de emparejamiento vienen a partir de lecturas de Darwin: por ejemplo, aquellas que hacen que más de uno quiera ver a las relaciones humanas como biología pura. Para Darwin, esa lucha salvaje entre machos por acceso a una hembra pasiva podía ser traslapada a las relaciones humanas. Al mismo tiempo, fiel a su época victoriana, creía en la «buena mujer», un ángel puro. Para el puritanismo del siglo XIX esa entelequia llamada «buena mujer» era algo similar a una estatua de alabastro, digna de idolatría. Para rendirle culto a alguien y verle como un ser perfecto, lo mejor (o, yo diría, la única manera) es que no lo conozcas a fondo. Y así era. Hasta hace poco, lxs esposxs no aspiraban siquiera a conocerse. En esta relación entre estatuas, el sexo marital era para procrear a la siguiente generación de santas y caballeros. En el Londres de Darwin, el sexo, digamos que sin fines procreativos, se podía ejercer con prostitutas, mujeres indignas y contranaturales. Eso, claro, si eras hombre; si no, no debías tener deseos, ni mucho menos satisfacerlos si es que los tenías. No era nada que no se pudiera solucionar rezando un poco (o con alguna otra de las mil maneras de somatizar la insatisfacción acumulada).

Esta idea de la pureza de una dama tiene sus raíces en el siglo XI, cuando la virgencita se puso de moda como figura central en el catolicismo. Una imagen de la mujer impoluta, fiel a muerte, etc., cuya vida gira en torno de sus hombres, se volvió el correlato perfecto del amor cortés, ese en el que los hombres eran héroes conquistadores y el amor el fin último. Dante Alighieri escribió una obra entera en torno a la idealización de Beatriz, a quien había visto dos veces en toda su vida (y que tenía como 13 años). Con todo y que no sabía ni a qué le olía el cuello, si prefería pizza o espagueti o cuáles serían los tres objetos que la grácil señorita se llevaría a una isla desierta, su amor perduraría más allá de la muerte.

Stephanie Coontz narra cómo en el siglo XVIII las clases media y alta buscaron mecanismos de control de las parejas basados en introyectar nuevos ideales. Después de la Ilustración, la idea del soberano se empezó a cuestionar y esos ecos llegaron incluso a los hogares de la gente común, que poco a poco fue abandonando la estructura jerarquizada de un hombre que es amo y señor. Dentro de un proceso más amplio, que explicaré más adelante, el amor se volvió central para la idea del matrimonio, lo cual requirió que se crearan nuevos mecanismos de regulación. Donde antes la Iglesia, el Estado y la comunidad servían de árbitros, tuvo que imponerse la moralidad personal. Las clases media y alta empezaron a definirse a sí mismas a partir de las restricciones sexuales que se autoimponían (hola, no sexo antes del matrimonio), y para que esto se sostuviera, fue imprescindible hacer énfasis en la pureza y castidad femenina. Fue así como surgió la idea de la mujer como santa sin deseo sexual, estatua de alabastro, que el siglo XIX naturalizó. De nuevo, todo esto vino de las clases media y alta, más que de la clase trabajadora.

De vuelta a nuestro expaís, un personaje relevante en la inclusión de estos valores en la cultura nacional fue Porfirio Díaz, quien a finales del siglo XIX y principios del XX emprendió su proyecto «civilizatorio», entiéndase europeizante. Mediante el sistema educativo, la moral de las clases altas europeas se pintó con el tono de la norma. Dentro de este programa, se acentuó la idea de la mujer como ángel del hogar, débil y sumisa, y del hombre como el elemento activo y público. Esto, por supuesto, ya existía desde antes, pero don Porfirio le dio la barnizada que necesitaba incluyéndolo en su plan educativo. Como contraparte del ángel del hogar estaba la *femme fatale*, criatura seductora y sexual que lleva a los hombres a su perdición. Una de las novelas más leídas de la época, *Santa*, de Federico Gamboa, es una gran fábula moralizante en la que la protagonista cae y cae cada vez más profundo, hasta su tumba, debido a sus inclinaciones seductoras, es decir, a que no era lo que la sociedad exigía de una «buena mujer». Las ideas importadas por el general cayeron en blandito sobre los valores católicos que ya impregnaban a la sociedad mexicana, por ejemplo, el de la madre abnegada, nuestra mártir nacional. Todas estas historias configuraron nuestros imaginarios actuales y todas tienen como autores principales a hombres, y como actores a toda la sociedad.

El Amor Romántico parte de la idea de que elx otrx es un misterio, de que muchas cosas no se deben hablar. Tiene algo fundamentalmente cristiano en su idea del amor como paraíso y de creer ciegamente. Se basa en una profunda fantasía e idealización en torno a la pareja. Su producto de confianza es el de mujeres que buscan príncipes salvadores y hombres que buscan vírgenes marías. Es una fuente ilimitada de decepciones porque el enamorado se relaciona con el otro de manera superficial; dialoga más bien con un fantasma en la cabeza del amante que con la versión real y física de este. Vive con la idea de la guerra de los sexos, de que las mujeres son un enigma (porque todo ha sido narrado por hombres hasta hace muy poco y para qué tratar de entenderlas), de que hay mujeres valiosas y otras que no valen nada.

Cuando los medios repiten que el Amor Romántico va de bajada, cuando en internet los memes al respecto circulan como estampas intercambiables, cuando intentamos construir desde otro lado, terminar con la coacción, no podemos olvidar que estamos paradas sobre esta robusta construcción de siglos, que la vasta mayoría de la gente vive y sufre el Amor Romántico, que este es casi por completo incompatible con el feminismo y con la idea de intimidad y de honestidad. Si mi primer casete de la vida era el de la *Media Naranja* de Fey y mi película favorita *La princesa prometida*, desde ahí hay que partir para tratar de entender esta época esquizofrénica que es el vómito de otras muchas.

Si alguien ~~en la ciudad de Roma~~ ignora el arte de amar,
~~lea mis páginas, y~~ ame ~~instruido por sus versos~~.

EN TU ESCUELITA DAME CLASES DE PLACER, O TAMBIÉN SE APRENDE A AMAR

Publio Ovidio Nasón escribió un *Ars amatoria, El arte de amar,* por ahí del 20 a.C. Este manual describe en tres secciones (y en verso) todos los pasos básicos del ligue: desde dónde, hasta cómo, y remata con un innovador pilón: una sección escrita solo para las damas de la época. El enfoque que usa es curioso, puesto que, como buen libro de instrucciones, parte de la idea de que hay una técnica correcta para alcanzar el amor. Hay muchas cosas sobre este manual que son dignas de pensarse, por ejemplo, cómo se reduce el amor al acto de la seducción, y cómo esta se logra con artificios y mentiras. Leído desde la perspectiva actual, entre los pasajes hermosos se esconden múltiples dolores de cabeza. Que si algo que suena peligrosamente a violación, que si usar las técnicas más arteras para meterte entre las piernas de la dama, que si decir el equivalente poético a «en el amor y en la guerra, cualquier hoyo es trinchera». Si en su época fue un escándalo y Augusto lo llamó «un manual para el adulterio», ahora su «liberalidad» es más bien lo más conservador y horrorosamente inaceptable. Para prueba, sírvase leer sin tachones las citas que anteceden a cada capítulo de esta obra. A pesar de esto, lo encontré recomendado en múltiples lugares, e incluso en una que otra clase en la facultad, ¡como manual de ligue! La recepción acrítica de muchos de mis compañeros de Letras Clásicas de la época habla de una carencia severa en nuestra forma de entender el amor.

El amor es algo que todos creemos conocer pero que está lleno de vacíos. ¿Quién aceptaría que hubiera una materia escolar sobre cómo querer? Ni siquiera la difunta Formación Cívica y Ética contemplaba una ética del amor. La educación emocional no se considera lo suficientemente importante como para enseñarse en las escuelas, aunque las relaciones estén entre lo más relevante de la experiencia humana. En la escuela se enseña lo que concierne al conocimiento, a lo serio; en otro lado (¿cuál?, no queda muy claro en dónde, pero probablemente sea en sitios más *«banales»*, como revistas, telenovelas… o clases de salsa), lo que concierne a relacionarse, a lo ligero.* El amor, según esta visión, es el polo opuesto del intelecto. En la Edad Media, por ejemplo, llegó a su culmen una idea que empezó a gestarse en la antigüedad grecolatina: el amor es una enfermedad. *Amor hereos, aegritudo amoris. La enfermedad del amor.* Nada de racional en caer enfermes.[1] Solo así se justificaba que, en el amor cortés, los finos caballeros cayeran presos de su adoración por una dama. Como te puede dar cólera, te puede dar amor. En el Alcázar de Sevilla hay dos mosai-

---

* Parece ser que las relaciones «son naturales» y que no necesitan más reflexión que eso. De alguna forma, vienen codificadas en los genes y no hay razón para discutirlas más.

cos que flanquean una puerta: una mujer con la palabra *imaginación* y un hombre con la palabra *inteligencia*. Estas alegorías separan el mundo en dos, en ese imaginario simbólico que tradicionalmente asigna una esfera de influencia a los géneros. La pasión versus la razón. Lo casero versus lo público.

El amor de pareja ha sido por siglos territorio femenino y, por tanto, irrelevante. Entre los varones, solo los artistas, los *outcasts* por definición, han podido adentrarse en el mundo femenino del amor. Entre este torbellino de cambios, es necesario pensar la idea de amar y estudiarla en toda su complejidad. No es algo secundario: es uno de los ejes rectores del mundo. Muchxs pueden ser de la idea de que es mejor que las cosas que han sido consideradas enigmas de la pasión sigan así. ¿Qué es el amor, si no misterio? Las relaciones no coercitivas, el consentimiento y otras novedades dicen no a andar a tientas y sí al diálogo. No a la naturalización y sí a cambiar la manera en que nos relacionamos. Para ello hay que ver a los ojos a muchas actitudes que se dan por sentado y amasar aquello que duele hasta volverlo otra cosa, siempre sin perder de vista que podemos amasar y amasar, pero crecimos en el mundo en que crecimos y los viejos hábitos y patrones siguen hablándonos con voces más o menos fuertes. Amar ahora es ese diálogo esquizofrénico.

Antes cesarán de cantar los pájaros en primavera, en estío las cigarras y el perro del Ménalo huirá asustado de la liebre, antes que una joven ~~rechace las solícitas pretensiones de su amador: hasta aquella que juzgues más difícil se rendirá a la postre; los hurtos de Venus son tan dulces al mancebo como a la doncella; el uno los oculta mal, la otra cela mejor sus deseos. Conviene a los varones no precipitarse en el ruego, y que la mujer, ya de antemano vencida~~, haga el papel de suplicante.

Las puritanas del ligue, o tienes un nuevo *match*

El 9 de enero de 2018 un grupo de intelectuales francesas, encabezado por la actriz Catherine Deneuve, publicó una carta en la que se declaraba en contra de esa versión «puritana» del feminismo que se negaba a aceptar lo que llamaron el «derecho a importunar» en la conquista. La carta fue una reacción al incipiente movimiento *#MeeToo*. Las firmantes, todas mujeres, señalaban que la sexualidad femenina es tan deseante como la masculina, que ellas quieren ser seducidas y que es natural que ocurran pequeños «percances» durante un intento de seducción. Las últimas líneas de la carta, las únicas en esta en las que se muestra algo de empatía por los señalamientos de miles de mujeres cansadas de los abusos masculinos de diferentes intensidades, resultaban blandas en contraposición del argumento principal: la defensa de la seducción más clásicamente masculina. La carta es problemática por muchos motivos, aunque parta de algunos supuestos verdaderos, como el de las mujeres como entes deseantes o la necesidad de encontrar espacios en los que enunciar el deseo hacia alguien más. Es curioso (por usar un eufemismo) cómo el mismo argumento de la carta ha sido utilizado por un sinnúmero de hombres que se sienten, cito a un individuo cualquiera, «coartados en su libertad de expresión», porque «ahora ya no se les puede decir nada a las mujeres». Lo cierto es que esta carta se inscribe dentro de un debate actual y muy complejo que tiene que ver con las nuevas reglas de ligue.

Un movimiento nauseabundo, que tiene como hogar foros de discusión como Reddit y 8chan (hogar de lo peor de internet, como el manifiesto racista del asesino de El Paso), entre algunos otros sitios «especializados», es el de los *pickup artists* (PUA) o artistas del ligue. Estos son individuos cuya meta es aprender el arte de la seducción de mujeres. Podemos pensar en el personaje de Tom Cruise en *Magnolia*, Frank T. J. Mackey, exaltado sobre un templete, dirigiéndose a sus aprendices. La lección del día: *How to Fake Like You Are Nice And Caring Person* (Cómo fingir que eres una persona buena y empática). No importa cómo, no importa quién, todos los hombres tienen el derecho de acceder a las mujeres que se les antoje. El medio es la seducción y, si se requiere, también es aceptable usar un poco más de «fuerza» (o sea acosar y abusar). *I will not deny what I want!* (¡No voy a negar lo que deseo!), grita Frank T. J. Mackey. Los artistas del ligue en su máxima expresión.

A partir de estas formas agresivas de conquista, surge una intersección inesperada: la que une a foros de internet llenos de *millennials* y *centennials* con Ovidio, en su *Arte de amar*.[1] Y cómo no, si sus dos mil años de desfase suenan a música en los oídos de estos personajes, que son, ante todo, conservadores empedernidos en busca de autoridad para reafirmarse.* Dice el poeta romano:

> Primeramente has de abrigar la certeza de que todas pueden ser conquistadas, y las conquistarás preparando astuto las redes. Antes cesarán de cantar los pájaros en primavera, en estío las cigarras y el perro del Ménalo huirá asustado de la liebre, antes que una joven rechace las solícitas pretensiones de su amador: hasta aquella que juzgues más difícil se rendirá a la postre.[2]

Lo único que requieres es técnica, *ars* en latín. En esta viene incluida esa idea de perseverancia, tan masculina y nefasta, cuando de ligar se trata.

> El pájaro no puede volar con las alas viscosas, el jabalí no acierta a romper las redes que le envuelven y el pez queda sujeto por el anzuelo que se le clava; pero si te propones seducirla, no te retires hasta salir vencedor.

«No te rindas» se ha repetido hasta el cansancio, y esa línea sigue vigente dentro del manual del amor romántico. Es increíble pensar que, entre Ovidio y hoy, ese siga siendo el grito de batalla de una cantidad considerable de hombres, dentro y fuera de los foros y redes.

---

* Es mucho más complicado que eso. La idea detrás de la llamada «manósfera» es que en realidad la naturaleza humana biológica y psicológica es la de la (aparente) rigidez genérica de los siglos pasados y, actualmente, tan solo nos hemos desviado un poco. La buena noticia es que siempre podemos volver al buen camino, porque como las relaciones entre los sexos son ahistóricas, solo estamos asistiendo a alguna clase de *performance* pasajero. Son a la vez esencialistas biológicos y enemigos de la idea de que la cultura permea las relaciones. De ahí que Ovidio les venga tan bien para su discurso y que puedan obviar la distancia temporal y contextual que los separa del texto.

Un sinnúmero de revistas femeninas vierten también tips de ligue a diestra y siniestra. Sin embargo, hay una enorme diferencia en el hecho de que están pensados para enamorar, no solo para seducir. La lectora de revistas busca el amor y el consejo que se le ofrece se enfoca en provocar, mas no en presionar y coaccionar. Los PUA buscan doblegar la voluntad de la mujer; buscan, a fin de cuentas, el poder. *Respect the cock!* (¡Respeta el pito!) Lo podemos ver desde el momento en que se refieren a la mujer en cuestión como *target,* objetivo, como si de una cacería se tratara. Un método tal vez sea menos agresivo que otro, pero los consejos de las revistas femeninas y esta forma de ligar mediante la coacción vienen del mismo sitio. Aunque lo segundo es más violento, lo primero no es menos nocivo: parte de los mismos roles de género anquilosados. Reafirma la idea de que una mujer fingidamente pasiva da todo por amor y quiere que un hombre manifiestamente activo le entregue el alma.

Entre los PUA tampoco se menciona la idea de seducir para encontrar el amor. No. El principal objetivo es sexual, de poder. Mujer objeto, mujer dominada. Donna Zuckerberg dice que «estas técnicas cubren un espectro que recorre desde el coqueteo, pasa por la manipulación y llega hasta el acoso sexual».[3] De nuevo, esos dos mil años de estructuras patriarcales hacen que Ovidio, quien dice que una mujer que es tomada a la fuerza agradece el ataque puesto que alimenta su vanidad, sea un imán para los «seductores» de hoy. Los PUA son el vómito del machismo que se entrena para cumplir cabalmente su misión de domador de fieras irracionales. *You will not control me!* (¡No me controlarás!) Están íntimamente ligados con la teoría misógina de la *red pill* y la *blue pill* que surgió en estos mismos foros como parte del movimiento autollamado *de derechos de los hombres*. La imagen, tomada de *Matrix*, dice que una vez que engulles la píldora roja, puedes ver la verdad: los roles de género que se le imponen a los hombres (casarse y ser monógamos) son en realidad maneras de favorecer a las mujeres, quienes tienen como único objetivo dominarlos. ¿Cómo darle la vuelta a eso? Mediante mentiras y manipulaciones. El hombre tiene derecho a recurrir a estas técnicas, puesto que las mujeres también son naturalmente mentirosas. Entre los PUA las relaciones de los géneros solo pueden navegar entre la objetivación y el control. Las revistas femeninas venden la idea de la seducción como romance y con miras a un Parasiempre; la píldora roja, por el contrario, vende la de tomar lo que te corresponde y luego desechar a tu presa. Muchos hombres practican «técnicas» similares, basadas en la misma idea del ligue como un acto de poder y dominación.

En estas maneras de concebir el ligue la honestidad no fue invitada a la fiesta. Tanto en el acto de seducir a la manera de las revistas femeninas, como en la simple mentira de los PUA, no se trata de ser lo que somos normalmente, sino de moldear nuestra personalidad y seguir ciertas reglas y lineamientos para conseguir un objetivo, el cual, como ya vimos, será muy distinto según sea el caso. Lo que se evita es decir las cosas de frente. La idea de seducción, *el derecho a importunar,* subyace a las palabras. Es, a fin de cuentas, un *ars,* algo que se manufactura como se hace con una mesa o una máquina, como lo pensaba Ovidio.

Claro que esto choca de tajo con la idea de consentimiento que el *#MeToo*[*] exige a gritos. El consentimiento

[*] Aún está pendiente una revisión de los resultados del *#MeToo* y qué tan

es ante todo vocal, es, en teoría, no fingir ni construir, sino decir lo que se desea de manera directa. No es robar un beso, es preguntar o al menos molestarse en leer lo suficiente al otrx para ver si el beso es deseado. Es aprender a pedir y a decir que no de manera directa, no a medias o con postergaciones. A Deneuve esto debe parecerle insatisfactorio porque contraviene la idea de misterio que mucho del cortejo tradicional implica. «Dime que no y yo veré un sí camuflajeado.» A Arjona, un ideólogo musical del machismo, tampoco le gusta esto.

En la bibliografía reciente sobre relaciones afectivas responsables, lo que se pone al frente siempre es la empatía con la pareja y una comunicación honesta y frontal. Lo que quiere el cortejo más tradicional es un juego de espejos. Las tensiones que surgen en medio son el fango en el que actualmente caminamos a zancadas. Más aún porque ese juego de espejos también involucra a sus creadores. La introspección no es un regalo de los dioses que viene por *default* con cada neonato, sino algo que se desarrolla con una buena educación emocional, una crianza responsable y un etcétera de elementos que casi nadie tiene en conjunto. La mayoría de la gente va (vamos) por la vida y las relaciones con profundos surcos emocionales. Esto complica aún más el balance del cortejo porque, aunque se pretenda actuar con honestidad, ¿podemos conseguirlo solo por desearlo? Sin duda tener la intención de hacerlo es un buen comienzo, pero es ahí donde entra en juego otro *ars*: el del trabajo con las emociones, la terapia, la autoconsciencia y demás

benéfico es a largo plazo como método de justicia social, pero, a pesar de todo lo que se le puede achacar, creo que es importante rescatar sus partes buenas y el grito que tiene detrás.

palabras que se dicen en pocas sílabas pero que toman años de sudor y lágrimas antes de que rindan frutos.

Cortejo y misterio, consentimiento y transparencia. ¿Se podrían compaginar? Hasta cierto grado ya sucede en esta época pantanosa. Es curioso (de nuevo el eufemismo) que cuando se pide una forma de seducción más consensuada, surjan tantas voces que dicen que eso arruina el punto mismo de la seducción. ¿Cuál será entonces ese punto? ¿El engaño es intrínseco al ligue? En el contexto actual, en el que las mujeres son a menudo vistas como premio, la dinámica de cacería parece indicar que sí.

Quizá los PUA, Ovidio y nuestra propia experiencia suenen como un revoltijo forzado, pero detrás de la exacerbación de estos foros de internet, subyacen muchas de las ideas de conquista que vivimos diariamente en Latinoamérica. La simple utilización de la palabra *conquista* para hablar de seducción o ligue ya dice mucho en una región del mundo que fue efectivamente conquistada. Cito por puro gusto a un patán con el que salí unas cuantas veces:

> Me gustabas mucho, pero cuando te tuve en la palma de mi mano, me dejaste de interesar.

Ante todo, la elegancia. Estoy segura de que ni él mismo sabía que iba a perder el interés cuando me enamorara (y mucho menos yo), pero al final, lo que él pensaba que era un cortejo que iba hacia algún lado se volvió una simple dinámica de cacería. Presa cazada, presa desechada. Yo, a mi vez, me tragué completo el juego del amor romántico y decidí no ver una serie de señales no verbales, en pos de encajar en lo que estaba pasando en mi fantasía. Mal por ambos, peor para mí.

♥

Aquí el sesgo patriarcal arremete con toda su potencia. Si, como vimos arriba, Ovidio declara que una mujer se sentirá «halagada» por ser acosada o abusada, y muchos hombres contemporáneos están muy de acuerdo con eso (aunque en ocasiones no lo expresen así), el juego del ocultamiento se vuelve aún más peligroso. Es como si se dijera: «No me robes mi derecho no a importunar, sino a cortejarte de una manera en la que yo creo que te estoy seduciendo, no me interesa saber tu opinión real, porque por comodidad asumiré que tú quieres lo mismo que yo». Un *sí* camuflajeado en cada *no*. Llevado hasta sus últimas consecuencias no sorprende entonces que tantos violadores digan que lo hicieron porque «ella lo quería». Esto es lo principal que se ha perdido con respecto al juego de la conquista tradicional: la absoluta autonomía que tenían los hombres para imponernos su deseo. Con mucha razón las redes sociales están llenas de un clamor de volver a lo de antes, esa época utópica en la que el uno podía simplemente decidir sobre la otra. ¿Dónde quedaron los valores? En el otro lado está la obligación de esperar a que te seduzcan sin tener que meter las manos al fango para medir los sentimientos ajenos y arriesgarte al rechazo. El *glamour* de la espera de ser «elegida», que muchas veces deviene en el desamparo de que no pase.

Con todo esto en la mira, un manifiesto como el de las francesas es una burla en la cara de las mujeres que hemos sido constantemente acosadas a lo largo de nuestras vidas y que no sentimos el acoso como los torpes pero bienintencionados intentos de un hombre que, pobrecito, lo único que quiere es seducirnos, awww; todo en el nombre del cortejo (y la dominación masculina). Sí, es bonito que te inviten amablemente a algún sitio, pero la cultura del ligue patriarcal dista mucho de ser eso. Cada vez más mujeres nos negamos a tolerar esas dinámicas impositivas y queremos que el derecho de ellos a importunar sea totalmente secundario a nuestro derecho a no ser acosadas y violentadas nada más porque los Frank del mundo gritan: *I will not deny what I want!*

♥

Un artículo del *New York Times* de 2015 que ha circulado mucho[4] cuestiona las «nuevas» formas de ligar de lxs jóvenes. Con base en muchos de los testimonios, algunos de ellos con un marcado tufo conservador, el autor parece concluir que ya no existe el cortejo porque ahora todo es más casual y porque hay un enorme miedo a comprometerse. También menciona, como de paso, inconcordancias entre los roles de género tradicionales y los cambios económicos y el feminismo (aunque nunca usa esta última palabra):

> Muchos hombres en sus veinte dudan de llevar a una chica a un restaurante francés o en comprarle joyas porque esos

> pasos suelen llevar a que [piense que] «en algún momento nos vamos a casar», afirmó Edness, de 27 años. En un panorama económico complicado, en el que todos se desviven por construir una carrera, la mayoría de los hombres no pueden ni imaginar mantener una familia hasta al menos los 30 o 35 años, dijo él.

Ay, Edness. El artículo tuvo una amplia respuesta. Algunas de las preguntas que levantaba siguen siendo tan vigentes como antes y casi todos los testimonios se podrían escuchar todavía hoy. En general el tono que predomina es una nostalgia por la forma gringa del *dating* que en México conocemos tan bien porque la cultura pop nos la ha metido hasta debajo de las uñas. En gran medida, la clase media urbana ha configurado su forma de acercarse a las relaciones de la misma manera: con una invitación formal para salir, siempre por parte de un hombre a una mujer (¿diversidad sexual? ¿Qué es eso?). Hay incluso pasos y debates tan absurdos como si es correcto o no tener sexo en la primera cita. Este es uno de los temas más condenados en el artículo, que ve que el cortejo está llegando a su fin entre «escandalosos» excesos sexuales.

Lo que extraña el autor es la rigidez y estructura que daba la serie de pasos a lo que llama *cortejo*. Definido así, cada vez es más difícil decir que el cortejo sigue vivo, como seguramente alguien que experimentó la forma decimonónica de encontrar una pareja pensó del cambio al siglo XX. Después de todo, la manera en que nos relacionamos está ligada a cierto sistema económico y condiciones sociales. Moira Weigel[5] señala que las citas son la forma muy específica que toma el cortejo en una sociedad de libre mercado. El cortejo vive, pero transformado.

Curiosamente, el primer gran cambio vino a principios del siglo pasado con las migraciones del campo a la ciudad y la solidificación de una clase media. Estas tuvieron como consecuencia que el cortejo pasara de ser entre personas que se conocían de toda la vida (o al menos sus padres), en un ambiente comunal muy restringido y en muchos casos con matrimonios arreglados, a un contexto urbano en el que las posibilidades de «conocer a alguien» nuevo eran mucho más amplias y menos vigiladas. Mucho más aún cuando las mujeres comenzaron a salir de sus casas para trabajar o ir a la escuela. El control de sus padres para asignarles una pareja empezó a menguar cuando las oportunidades de conocer a alguien fuera del núcleo más cercano se multiplicaron. Entonces surgió la necesidad de una nueva serie de reglas de cortejo. Según Weigel fue así como nació la idea de la «cita», que perduró a lo largo de todo el siglo en Estados Unidos.

Eva Illouz hace un recuento de cómo el amor se volvió mercancía en el siglo XX en Estados Unidos.[6] El proceso que expone se puede traslapar a México en muchos sentidos y está más vigente que nunca. A principios del siglo XX la publicidad se volvió por primera vez una industria poderosa. Fue a través de esta que se empezó a construir la idea de un mercado del amor. Con la invención de las citas fuera de la casa de los padres de las mujeres de clase media (donde ocurrían antes) y la relajación de la moral burguesa (en las clases trabajadoras nunca se vivió así el cortejo), el amor se mudó a los espacios públicos. El resultado de esto fue un nuevo nicho que explorar: la codificación del consumo de productos y servicios como la idea misma de cortejo. Mediante campañas que relacionaban los productos de «cuidado» personal con el éxito en el ligue y las imágenes de cierto tipo de dinámicas (que la cena romántica, que la ida al cine) como la única manera digna de cultivar el amor, emergió un nuevo código cultural. Cualquier viaje por las páginas de las revistas actuales para adolescentes o veinteañeras confirman la íntima relación entre el ritual de belleza amasado en productos de «cuidado personal» con las citas.*

El cine contribuyó también a asentar estas nociones y otras igual de poderosas: la idea de romance como aventura, de lo excitante del cortejo. No es que antes del siglo XX no fuera excitante conocer a alguien que te gusta mucho, sino que se creó un horizonte de expectativas distinto, que resignificó el cortejo como algo permitido en público y revestido de productos y gastos, y con pirotecnia involucrada, en vez del cortejo de antes, en el que una chica de clase media podía esperar reunirse con un hombre preaprobado por su familia en la sala de su casa, bajo supervisión y, en algunos casos, aspirando solo a no encontrarlo demasiado repelente porque igual iba a ser su esposo. El amor, que era sinónimo de matrimonio, no tenía por qué ser emocionante estilo Hollywood (porque para empezar eso ni existía).[7] El matrimonio, como expondré después, no era para eso.

Mutatis mutandis, todos esos rituales son los mismos que ahora reproducimos antes de una cita cuando, en nombre del amor, nos depilamos con pincitas cada pelo de la panza antes de una cita, y esperamos chispas y fuegos

* La misma relación entre consumo y ligue se ve reflejada en gran parte de la cultura *influencer*.

artificiales al ver a los ojos a nuestro ligue, sea hombre o mujer. Porque bajo el amparo del todopoderoso capitalismo, lo que empezó hablándole solo a la heterosexualidad, logró trascenderla e instalarse en el imaginario de las distintas identidades y preferencias sexuales. Cuanto más normalizada está la diversidad sexual, más espacios que antes estaban al margen del mercado ahora son chupados por este.

¿Hasta qué punto muchos desplantes románticos son desplantes de consumo? A estas alturas ya es difícil separar una cosa de la otra. Nuestro imaginario está tan instalado en la idea de que para demostrar amor hay que adquirir bienes o servicios, que es más fácil depositar la idea de cariño en el epítome del cliché, ese atardecer en la playa por el que nos endeudamos, que en un sencillo *te quiero* sin etiqueta de precio.

♥

La cita tiene un tufo de agencia matrimonial porque eso era. Una no salía por salir con cualquiera, lo que se buscaba era el camino al Parasiempre. Era una especie de *casting* del que no se podía abusar porque la buena moral dice que la buena mujer no va por ahí aceptando salir con cualquiera. Aunque seguimos casadas con esas ideas hasta cierto punto, las redes sociales y las aplicaciones para ligar han venido a sacudirlo todo. Las viejas técnicas basadas en exigencias de acuerdo con el género (hombres muy perseverantes y mujeres pasivas) se han expandido a los nuevos medios de comunicación. En algún sitio leí que alguien se quejaba de que ha visto gente que tarda más en pedir una pizza de lo que algunos hombres tardan en escribir un mensaje para invitar a una mujer a salir. Un estudio, porque los hay para todo, cuenta la cantidad de palabras que los hombres utilizan para invitar a una mujer en redes sociales, y viceversa. El resultado: las mujeres usan más del doble de palabras. Las mujeres casi disculpándose por querer salir con alguien y los hombres mandando solicitudes en serie. Mi bandeja de mensajes filtrados es la evidencia más contundente. Hombres de lugares distintos y malas ortografías variadas me mandan invitaciones. Luego, cuando no contesto, me las mandan de nuevo. Nunca tienen más de un renglón. Pero eso sí, la perseverancia no se pierde: un individuo cualquiera puede escribirme cada mes o cada dos meses durante años. He cotejado con mis amigas y todas tienen a unos cuantos de estos solicitadores seriales en sus bandejas de entrada.

Ante esto se entiende el éxito de Tinder. La sencillez con la que se puede pasar entre rostros que solo son rostros. El nulo esfuerzo en hacer invitaciones. Al respecto, dice el ya citado artículo «The End of Courtship?»:

> El cortejo tradicional —llamar por teléfono e invitar a una cita a alguien— requería valor, planeación estratégica y una inversión considerable de ego (el rechazo telefónico arde). No sucede lo mismo con los mensajes de texto, email, twitter y otras formas de «comunicación asincrónica», como la llaman los técnicos. En el contexto de las citas, hace prescindible mucha de la necesidad de carisma; es más como lanzar una caña al agua y esperar que jale.

Mi bandeja de entrada de mensajes filtrados da fe de esa afirmación. ¿De dónde salen todos esos hombres que lanzan botellas de «hola, Hola, olaaa» infinitos al mar de las redes sociales? La diferencia, de la que no se habla mucho, me parece, es la numérica. Aunque no tengo forma de corroborar esto, pienso que ahora hay muchas más personas ligando que antes. Ligando en su doble acepción: la de intentarlo y la de lograrlo. Sin las restricciones morales, sin pensar que te casarás con toda cita que tengas, las motivaciones para salir con alguien son mucho más variadas. Hacer *match* no es consumar un ligue, es lanzar una sonrisa y ver si la otra persona la devuelve. Lo único seguro hasta este punto es que tienes un breve (brevísimo) lapso de atención de otra persona que puede estar aunque sea un poco interesada en ti. Esta clase de intercambios masivos son en realidad el preludio a un cortejo, y no el cortejo en sí mismo. Casi nunca lleva a una salida real, como cuando le sonríes a alguien en el Metro o a lo lejos en un bar.

Hubo una semana en que salí con tres hombres de Tinder. El resultado fue un hartazgo muy similar al que provoca terminarte de un jalón una bolsa de dulces que no te encantan. Me aburrí la mayoría del tiempo y ninguna de mis citas me pareció particularmente atractiva. Hubo, en orden: un demente que me gritoneó que si solo para eso y *nada más* lo había sacado de su cuarto cuando me quise ir a casa; el pintor que me dijo a los dos minutos que estaba «loco» y que se medicaba muchísimo, y un doctor con el que me aburrí tanto que hasta extrañé al de los medicamentos. A ninguno volví a verlo. En una ciudad de 21 millones de habitantes, las posibilidades de que volvamos a encontrarnos son mínimas.

Si sales con alguien de tu entorno, las relaciones espaciales preceden a la cita, al menos hasta cierto punto. También es muy probable que haya un tejido comunitario que rodee a los involucrados, como cuando se conocen en la universidad o en el trabajo. Tinder carece de todo ello. Una salida con alguien en una red social implica crear un lugar común de encuentro en donde no lo había. Los extraños que conocemos en apps para ligar, y antes en sitios web como Match.com, pueden no haber puesto un pie en ningún sitio que nosotros frecuentemos. Romper lazos es mucho más sencillo porque simplemente se borra ese breve lapso físico que creamos en una cita. Las posibilidades de encontrar de nuevo al individuo o de que haya alguna sanción social por comportamientos indeseables son muy bajas.

En las novelas decimonónicas, la aparición de una extraña (o un extraño en el caso de Jane Austen) atraía la atención del condado entero. En Tinder se da por hecho, y muchas veces se desea, que te encontrarás solo con extraños. Supongo que eso ayuda mucho a la significativa estadística que dice que 40% de los usuarios de Tinder tienen pareja. Mi yo optimista quiere pensar que todos ellos tienen alguna práctica —consensuadamente— no monógama. Poco probable.

Por otro lado, esa misma falta de contexto común que se presta a abusos y desaires tiene un punto a favor: conectas con personas que no pertenecen a tu círculo social inmediato, y a las que no podrías conocer de otra forma. También es posible usar Tinder para abrir tus espacios, algo que sucede mucho con personas LGBT, especialmente entre mujeres; o entre hombres con Grindr.

♥

Tamara Tenenbaum llama la atención sobre el libro de Chris Haywood *Men, Masculinity and Contemporary Dating* (que, a juzgar por lo que cuesta, está impreso en hojas de oro, con letras de polvo de estrellas), en el que el autor publicó las entrevistas que hizo a un grupo amplio de jóvenes de entre 18 y 24 años para entender sus nuevos hábitos de citas. Uno de los elementos que quedó de relieve es la relación que gran parte de los entrevistados hacen entre las aplicaciones de ligue y los videojuegos. La mecánica de dar *like* hasta obtener un estímulo, lo lejano de las personas detrás de las imágenes, la aparente falta de realidad y, por tanto, la baja cantidad de riesgos, hacen que la dinámica de los videojuegos sea trasladable a Tinder. Además, según este estudio, para muchos hombres usar Tinder es una actividad de convivencia con otros hombres, igual que los videojuegos. He visto a las no tan mejores mentes de mi generación pasar una tras otra las fotografías en la pantallita del teléfono, sin detenerse apenas a considerar a quién y por qué le están dando *like*, mostrándose de tanto en tanto la pantalla para regocijarse ante la dama en cuestión, o de plano viendo fijamente la pantalla de un par mientras encuentran (o no) al futuro amor de su vida. No solo los hombres se lanzan a Tinder como misión colectiva. Entre mujeres se escucha la frase «jugar al tinder», y tampoco es raro que sea una actividad comunal. Parecería que en ocasiones la falta de fisicalidad pone a las personas en la pantalla en el mismo nivel que el de un avatar animado por IA.

Del otro lado del ring, muchas mujeres nos tomamos muy en serio eso de darle *like* a alguien, ya no digamos salir. He visto también congresos enteros sobre cómo será tal o cual individuo y si vale la pena dedicarle un clic. Tenenbaum menciona la intelectualización del ligue. Con esto se refiere a que, sin los elementos hormonales y contextuales, sin los movimientos o miradas, nos vemos obligadas a sacar hasta la última gota de información de un perfil de red social. Ya saben, que si esa playera azul señala que es panista de clóset, que si la ligera inclinación a la derecha que hace con la cabeza señala que es panista de clóset, que si sus fotos en Europa señalan que es panista de clóset. Cosas por el estilo. Esta decodificación hasta del último elemento redunda en que «pensemos» las interacciones en vez de que simplemente las emprendamos.

De alguna manera, se reproducen algunas conductas codificadas por género: mujeres que ligan con toda seriedad porque el amor es cosa seria y hombres que ligan por deporte porque el amor no debe ser cosa seria. En cualquiera de las dos estrategias subyace un miedo a la vulnerabilidad. Tanto el *casting* exhaustivo como el valemadrismo absoluto permite la ilusión de que no habrá error posible. Las aplicaciones mismas propician ese alejamiento cuando la aproximación está mediada por distintos pasos (hay que dar *like*, esperar, establecer contacto, esperar, etc.) y el rechazo, a su vez, está mediado por una pantalla. Ese *like* no devuelto no equivale a que alguien te diga en la cara que no quiere salir contigo. Es como el caso de los señores que lanzan al mar de Facebook sus «Hoooolaaaaa preciosa linda hermosa» (*sic*) amparados por la impunidad de que conservarán su ego intacto si no los pelas, excepto que en este caso somos todas y todos los que gozamos de ese beneficio en mayor o menor grado.

Acá entra también la experiencia que reportan muchos hombres de que por cada muchos muchos *likes* que dan (cifra científica), la respuesta que reciben es bajísima, entonces el mismo sistema los obliga a perpetuar la dinámica de los mil *likes* por hora para ver si alguno pega.

Sin duda hay excepciones para estas dos formas de conducirse en las aplicaciones de ligue. Hay mujeres que nada más dan *likes* por montones y hombres que buscan el amor y exprimen cada gota de un perfil. Sin embargo, las aplicaciones mismas invitan a cierta aproximación al ligue, específicamente el del consumo masivo de imágenes, e invitan a pensar el amor como un mercado abierto y un culto a la belleza física. Ante esto es esencial no olvidar que detrás de la pantalla hay otro humano. Parecería una obviedad, pero a veces es fácil olvidar eso cuando utilizamos los mismos medios para agregar unos zapatos a la canasta de compras en un sitio *online* que para encontrar una posible pareja. Como en todo, depende mucho de quién y cómo se aproxime a la herramienta, y esta puede o no ser benéfica para quien la usa. Tinder propone reglas irrompibles, condiciona una forma de encuentro, pero ese set de condiciones no implica necesariamente un mal desenlace.

♥

Me gustaría cerrar esta sección con una historia de éxito. La última vez que tuve Tinder, hace unos tres años, encontré a un tipo tan guapo y con tan buenas fotos que no podía ser real. Además de sus imágenes inverosímilmente perfectas, hablaba un inglés roto que despertaba sospechas de inmediato sobre alguien que decía ser gringo. Hice lo que cualquiera haría: googleé la imagen. En tres segundos ya sabía que se trataba de una estrella noventera del indi y el *skate*. También que estaba muerto. Ya había llegado muy lejos como para detenerme, estaba picada. La conversación fluyó bien y, ya entrados en ligue (cada quien con su agenda oculta), en algún punto le comenté que se veía muy bien… para estar muerto. A partir de ahí, el individuo se confesó. Lo que estaba haciendo era parte de un experimento tripartita. Había creado los siguientes perfiles: uno de mujer, uno de un hombre superguapo y uno de un hombre normal. Los resultados al momento habían sido: decenas de *dick pics* para el perfil de la damisela, una cantidad estúpida de *likes* para el del *skater* muerto y muy pocos para el hombre normal, pero bueno. El individuo detrás del plan estaba decepcionado tanto de los hombres como de las mujeres. De ellos, porque habían demostrado una vulgaridad y descerebramiento pasmoso (quizá la segunda palabra la agregué yo); y de ellas por superficiales. A mí no me quedaba muy claro cómo alguien que emprende una misión así se puede sentir por encima de los vicios del mundo, pero igual le seguí el juego al «científico social» hasta que confesó la verdad: el perfil del hombre normal era el suyo, de ahí la herida, de ahí la afrenta. A petición mía, procedió a mostrarme su verdadero rostro; caí enamorada del hombre que había detrás de la imagen. No es cierto. Obviamente procedí a bloquearlo.

Saquen sus propias conclusiones.

(Yo me la pasé bien.)

Cierra la puerta de tu dormitorio [e] ~~y no dejes ver tu compostura todavía imperfecta. Conviene a los hombres~~ ignorar ~~muchas cosas: la mayor parte les causaría repulsión si no se substrajeran a~~ su vista.

Tres modelos pelirrojas en la cama, o ideales de belleza de otro planeta (nórdico)

En 2002, cuando tenía 13 años, me obsesioné con una revista de moda. Como buena revelación, llegó desde un pasado distante (inicios de los noventa) y de un origen misterioso (sepa dios quién la compró). En las páginas centrales, entre notas sobre artistas que no conocía (¿quién era ese señor horroroso llamado Sean Penn y por qué me tenía que gustar?), un artículo de varias páginas intercalaba fotografías de un trío de pelirrojas lánguidas, altas, pecosas, ojazos azules, y un texto que describía una nueva tendencia: las *teen models*, que eran «chicas normales» que algún cazador de talentos veía en la calle y pum, ya tenían una carrera. «Normales» en algún país nórdico tal vez, porque si esa era la «normalidad», mi secundaria, mi colonia, mi delegación completa, era una anomalía de la Mátrix. Y, sin embargo, yo anhelaba con todo mi ser ser descubierta como ellas. El problema era que, para que me descubrieran, tenía también que verme como ellas. Pasaba horas enlistando obsesivamente lo que me hacía igual o diferente al pálido grupo. Soñaba con despertar con ojos claros, muy delgada y alta. El sufrimiento que me causaba esta imposibilidad era real. Si yo no era esa, ¿qué era? *Un monstruo*, me decidí enfática un día, era un monstruo. Todo en mí estaba mal. La vida me ayudó a confirmar esta hipótesis mediante un listado de pistas: el niño que se burló de que tenía pelo en las piernas, mi tía que me dijo que a mi edad se veía como yo pero con diez kilos menos (¡era un halago!), las burlas a mis cejas en la secundaria, mi papá que me señalaba con indirectas cada vez que ganaba peso. Si alguien me decía que era bonita, yo descartaba esa afirmación. Era obvio que esa persona tenía estándares muy bajos.

Otro recuerdo: los martes de vacaciones, viendo en la aberración llamada E! Entertainment Television ese género también aberrante de programas sobre cirugías plásticas. Un capítulo en particular: una chica, como de 16 años, llorando frente a la cámara por el tamaño de su vulva. El episodio, previsiblemente, trataba del camino a su cirugía para hacer que no «se le viera» cuando usaba pants. La muchacha lloraba y lloraba desconsoladamente, mientras contaba la penuria de vivir así. Por ahí se colaba una estadística del aumento de este tipo de cirugías. Ese día me cruzó por primera vez por la cabeza que existían vulvas bonitas y vulvas que tenían que ser corregidas. Otros episodios incluían a chicas que se inyectaban silicona quirúrgica para que su caja torácica se viera perfecta, miles de operaciones de nariz y un cirujano plástico obsesionado con las tetas enormes.* A mi

* Vale la pena mencionar el dato de que la mayor parte de los cirujanos estéticos aquí y en China son hombres. En México, en 2017, se registraron 1.550 especialistas varones por 266 mujeres. Si bien la diferencia se extiende a todas las otras especialidades médicas (uno de los lugares donde se nota

fantasma de las tres pelirrojas añadí nuevas inseguridades, que con el tiempo recibieron con bombos y platillos a otra habitante clásica de los miedos sexuales: la posibilidad de que tu vagina apeste. Y con este equipaje de dudas a cuestas, comprometidísima con la idea de ser un manatí torpe, deforme y potencialmente apestoso, entré a la vida sexual.

En 1970, Kate Millett* afirmó que nadie llega al coito en el vacío, porque, aunque el sexo parecería solo una actividad biológica, en realidad se encuentra insertado en una serie de actitudes y valores culturales. Hombres y mujeres cargamos un paquete de expectativas, miedos e inseguridades profundamente condicionados por el género, clase social, raza e historia personal. Uno de los elementos que pesa más al inicio de la vida sexual es la presión que sentimos las mujeres por alcanzar un ideal de belleza imposible. La contraparte igual de nociva de este deseo es el hecho de que quien decide qué tan cerca

más la disparidad de oportunidades), en esta y en ginecología es especialmente relevante. Gerhard Heinze-Martin *et al.*, «Los médicos especialistas en México», *Gaceta Médica de México*, disponible en https://www.anmm.org.mx/GMM/2018/n3/GMM_154_3_342-351.pdf

* Más allá de que pertenezca a la corriente «radical» del feminismo, que se ha convertido en una fuente de odio y exclusión, Millett, contrario a muchas de sus actuales lectoras, incluía a las mujeres trans en sus análisis. «Los análisis recogidos por el feminismo radical respecto a la cuestión del sexo-género probablemente constituyan la cuestión más ignorada incluso por parte de sus supuestas defensoras, que prefieren aferrarse a sus prejuicios tránsfobos y reduccionistas antes de apreciar la riqueza de estos aportes que solo pueden incorporarse con coherencia construyendo un feminismo inclusivo.» Teresa Bambú, «El feminismo radical, un gran incomprendido», Pikara Magazine, 27 de marzo de 2019, disponible en https://www.pikaramagazine.com/2019/03/feminismo-radical-incomprendido/

estamos de ese ideal son los hombres.* Remontémonos por un segundo al mito clásico que inicia la guerra de Troya: Paris, el galanazo, como el juez que dicta cuál belleza es superior, si la de de Afrodita, Ártemis o Hera. Ni las diosas se salvan de la sanción inclemente de un tipo. De acuerdo con las reglas del patriarcado, es imposible sentirnos del todo bien con nuestros cuerpos. Yo sentía que tenía que ser una pelirroja pecosa y flaca, pero a la vez que tenía que tener copa C y caderas gigantes. Es decir, debía tener dos cuerpos a la vez. Ciencia ficción pura. Nuestra socialización nos exige ser bellas; centra nuestra valía alrededor de eso. Y además nos hace complacientes, unas máquinas de decir que sí.

Cuando era adolescente, el sexo que veía en las películas transcurría entre penumbras; sin embargo, mis experiencias juveniles pecaban de luminosas porque vivían bajo el amparo del molesto horario diurno. Luz solar significa el brillo de las estrías, las lonjas, los pelos, las curvas «imperfectas». En muchos casos, estaba más preocupada por ocultar la panza que por sentir algo. Quería agradar, no gozar con la interacción física en sí misma. Mi gozo venía de mi aprobación y también así era real. Lo terrible es que, en muchos casos, estas inseguridades no se van con los años porque el sistema las refuerza constantemente y el placer no deja de estar supeditado a gustarle al otrx. Hay muchas mujeres (y unos pocos hombres) que simplemente no pueden tolerar mostrar su cuerpo con luz. A la vez, los cuerpos femeninos están tan sexualizados desde afuera que el sexo linda con el espectáculo.

* Es importante señalar que no es que tenga que haber literalmente un hombre en el cuarto para juzgarnos. Es un sistema completo articulado alrededor de eso.

La aprobación masculina se vive entre comerciales de Whoppers y alitas que usan modelos en traje de baño, y la necesidad de que los hombres nos validen como seres dignos de existir en sus camas.

Hace años me acosté con un hombre que me gustaba mucho. En la oscuridad del cuarto, mientras me bajaba el cierre del vestido, me susurró una frase que me pareció de lo más halagüeña: «Eres hermosa y no hay nada peor que una mujer que sabe que es hermosa». Mañosamente, escuché solo las dos primeras palabras de la frase. Ojalá después de esa noche alguien, de preferencia mi pequeña hada del feminismo interior, me hubiera dicho: «Amiga, date cuenta». Para mí, esa frase es una especie de síntesis de lo que la sociedad quiere que las mujeres piensen de su apariencia física. Al aceptarla, me conformé con las migajas de la aprobación masculina sobre lo que siempre pensé que era mi máxima obligación (ser bella); para ello, dejé convenientemente de lado la otra parte de la enunciación. Esa era la importante.

El control masculino sobre las mujeres requiere que seamos inseguras, infelices con nosotras mismas, incompletas, para que así sintamos la necesidad de ser completadas por un otro. Bajo esta lógica, una mujer «que sabe que es hermosa», lo que sea que eso signifique, no necesita que un monigote le recuerde sus virtudes. Muchos ciclos de violencia se fincan en la consiguiente desvalorización de la mujer, partiendo del entendido de que su físico es lo más importante: no eres bella, así que no vales nada; entonces, nadie te va a querer como yo; solo yo te puedo ver así, solo yo te aprecio. ¿Contradictorio? Un poquito. Escuché un eco remoto de cuando en la secundaria me quité la blusa ante un individuo y solo pudo atinar a decirme: «no estás gorda», como si fuera el más dulce soneto de amor. Claramente estaba muy nervioso, quizá más que yo, y lo que le salió del alma para aliviar la tensión fue esa línea gordofóbica, que encima me hizo sentir bien (aunque de una manera rara, porque aún no la olvido).

Una habitación cerrada con dos (o más) personas adentro parece estar aislada del mundo, pero, aun con sus propias dinámicas internas, siempre está ligada con el afuera. Nuestra historia, que incluye nuestra educación, está inscrita en el cuerpo. Las estructuras hacen el amor tanto como los genitales. El problema es que las socializaciones de hombres y mujeres corren en direcciones opuestas. Entre inseguridades que miden y regulan cada parte de nuestra anatomía, el grado de vulnerabilidad natural a una relación sexual (¿qué cosa te deja más vulnerable que desnudarte enfrente de alguien más?) se multiplica. María del Mar Ramón habla de la ocasión en que se sintió tan feliz de que alguien le hiciera caso, aun cuando ella se consideraba fea, que eso fue lo que más pesó en su decisión de tener o no contacto sexual.[1] Lo importante era que el hombre la legitimara como mujer deseable. Muchas historias de violencia se cantan en una habitación al ritmo de humillaciones sobre el cuerpo de lxs otrxs. No dejo de pensar en los abusos que caen blandito en una baja autoestima, en pensar «si ya me quiere coger, cómo le voy a decir que no», poniendo por encima de nuestro querer el deseo ajeno y la necesidad que tenemos de este. Unx violentadorx expertx sabe que destruyendo la autoestima de la otra persona es más fácil acceder a la maleabilidad que resulta de que te rompan sistemáticamente.

Gabriela Wiener muestra también la violencia que nosotras nos infligimos sin la necesidad de un amable colaborador cuando habla de su relación con una mujer diez años más joven y cómo esta pone en relieve un conjunto de traumas culturales. Aunque Rosie, su pareja, le afirma y reafirma su amor y deseo, las marcas de una vida sujeta a la violencia viven en su cuerpo:

> El cuerpo aceptado es solo teoría. El cuerpo marginal, el cuerpo que cambia incomoda, por escasez o abundancia, me incomoda a mí, incomoda a todos. El troll se alimenta del miedo, el tiempo es miedo y yo soy mi propio *troll.* La posibilidad de un cuerpo mejorable, aceptable, futurible, acosa desde dentro, va minando las posibilidades de ser un cuerpo válido ahora mismo. Un cuerpo rechazado, marrón, vive, a la vez, anclado en el pasado, cada día vuelve a sentirse el cuerpo de una niña que miran los racistas.[2]

Wiener no solo habla de la discriminación racista, sino también de la delgadez, de la edad, de todo ese amasijo de exigencias que nos marcan la autoestima. Así sucede con nosotras con las violencias a las que hemos estado expuestas en mayor o menor grado.

Las producciones audiovisuales son especialmente fieras en propagar esta relación entre amor y belleza, como si solo mereciéramos ser amadas en tanto nos acercáramos al ideal. María del Mar Ramón lo dice con palabras demoledoras, fincadas en su propia experiencia al crecer siendo gorda:

> [los medios que] solo hablaban de amor para las mujeres flacas y que querían condenarnos a nosotras, las que

> fuéramos cualquier otra cosa, a la amenaza perpetua de la soledad, a ser la amiga gorda y divertida de la protagonista que sí se enamora, mientras nosotras mirábamos la escena tomando malteada. De ser siempre figuras secundarias y nunca las protagonistas de las únicas historias posibles de amor.[3]

En la medida en que el ideal de belleza es inalcanzable, todas vivimos bajo la eterna amenaza de la imposibilidad de ser amadas. Y cuanto más lejos estemos del canon occidental de belleza, que se compone en primer lugar de blancura, juventud y delgadez, peor. Instagram es también una gran caja de resonancia de esto. La cultura *influencer* incluye también mágicas fotografías de gente tradicionalmente hermosa tocándose los cuerpos en un atardecer rosado. Es un escaparate de todo lo que deberíamos querer ser y a lo que deberíamos aspirar. Federico Navarrete explica que en Latinoamérica lo aspiracional está ligado con la publicidad (y no olvidemos que la cultura *influencer* es una vertiente de la publicidad), que nos vende la idea de que un producto es una forma de acceder a «los lugares más elevados del privilegio y la belleza». Esta idea de privilegio y belleza es siempre blanca (y delgada). Un paseo por los comerciales o incluso por el elenco de las series mexicanas deja bien claro eso. Navarrete señala al respecto:

> Por ello, podemos afirmar que en nuestros medios de comunicación impera un régimen de *apartheid* que sería el orgullo de un bóer sudafricano del siglo pasado. Las personas blancas, muchas veces más rubias que el promedio de los escandinavos o, en todo caso, pertenecientes a la categoría de «latinos internacionales», gozan del privile-

> gio de beber los tragos más caros, comprarse los coches de mayor lujo o viajar por los destinos más glamurosos. Las mujeres rubias son el epítome de lo deseable y su belleza inalcanzable se transfiere por arte de magia a los productos que venden: como la cerveza que usaba solo modelos estadounidenses y asociaba el cabello rubio de ellas con su propio color, o las turbas de modelos güeras que promueven las ofertas de nuestros almacenes de mayor prestigio. En contraste, los morenos solo pueden ocupar papeles de pobres, desnutridos, analfabetas o marginados, siempre receptores de la caridad de sus compatriotas más blancos o de la asistencia del Estado.[4]

Así Instagram, los comerciales, las series y películas replican estas mismas ideas que muestran, mediante una realidad adulterada de filtros, cómo tendríamos que ser si queremos ser felices y amadas.

Naomi Wolf expone que, luego de que las mujeres (añado yo: de clase media blanca) en Occidente lograron salirse de la cocina, desasociar la imagen del hogar de lo inherentemente femenino, el dominio y control patriarcal se adaptó para interiorizarse en la forma del Mito de la Belleza. Wolf dice:

> El mito de la belleza se basa en esto: la cualidad llamada «belleza» tiene existencia universal y objetiva. Las mujeres deben aspirar a personificarla y los hombres deben aspirar a poseer mujeres que la personifiquen. Es un imperativo para las mujeres, pero no para los hombres, y es necesaria y natural, porque es biológica, sexual y evolutiva. Los hombres fuertes luchan por poseer mujeres bellas, y las mujeres bellas tienen mayor éxito reproductivo que las otras…

> La sociedad asigna un valor a la mujer dentro de una jerarquía vertical, que tiene hasta arriba los ideales occidentales. Se crea un espejismo: la ilusión consiste en pensar que la belleza es una. La Belleza, con mayúscula, y A de aspiracional. Me parece esencial para mantener la cordura recordarnos cada día que esto es solo un mito pernicioso.*

En contraparte a esto, una nueva serie de imágenes comienzan a permear poco a poco los medios, especialmente las redes sociales. Muestran tetas caídas, estrías, celulitis, pieles oscuras, texturas, lonjas, todo con la intención de diversificar los ideales de belleza y mostrar la realidad detrás de imágenes editadas.** Sin duda esto marca un cambio para las personas que nunca se sintie-

* No son solo los medios de comunicación los que hacen esto. Un estudio de 2019 de la Association for Computational Linguistics reunió un corpus de 3.5 millones de libros en inglés para analizar qué clase de adjetivos se usaban para describir a personajes masculinos y femeninos. El estudio toma en cuenta cosas como si se usan positiva o negativamente. Los adjetivos más usados positivamente para describir mujeres son: *hermosa, adorable, casta, espectacular, fértil, bella, sexy, refinada, exquisita, vivaz, vibrante* (*beautiful, lovely, chaste, gorgeous, fertile, beauteous, sexy, classy, exquisite, vivacious, vibrant*). Entre los negativos hay cosas como *infértil, regañona* y baja de peso. La lista de características positivas de los hombres se inclina mucho más a cuestiones relacionadas con tener un carácter *valiente* y ser *confiable, honorable, justo*, etc. Alexander Hoyle *et al.*, «Unsupervised Discovery of Gendered Language through Latent-Variable Modeling», *Proceedings of the 57th Annual Meeting of the Association for Computational Linguistics,* Florencia, 2019, pp. 1706-1716, disponible en https://www.aclweZ.org/anthology/P19-1167.pdf

** En la novela *Lectura fácil* de Cristina Morales, una de las protagonistas gusta de cogerse al mundo entero o una cifra muy aproximada a esa. Su hermana le dice que todo bien, pero que hay una cosa, y solo una, que le perturba en su exhibicionismo, y es que no se quite los pelos de los pezones. Toda la novela es un constante quebranto de los límites de lo que es permitido en la sociedad y, en el esquema de la belleza, por más feminista que una sea, también hay cosas que se prefiere no ver.

ron representadas en los medios y ahora ven un espejo más genuino.

Me parece urgente que, además de las campañas *body positive* que revientan en todos los *feeds* de Instagram, cuestionemos la necesidad de ser bellas. Es muy necesario que cada vez haya más modelos de belleza antes impensables: racializados, gordos, trans, gays y marimachos, pero sería todavía mejor que proyectemos un futuro en el que la idea de belleza deje de tener un rol tan central en nuestras vidas, máxime en una vorágine de la imagen digital. Ser hermosa no es una obligación, tampoco debería considerarse una necesidad de subsistencia.

♥

Eso, al menos, me dice mi cerebro. Mi deseo no está tan convencido. He dedicado incontables horas de la vida y cantidades vergonzosas de dinero a alimentar mi vicio de la belleza. Como tantas cosas en este libro, me encantaría despertar mañana y no pensar, sino sentir, que ser bella no es una obligación. Vestirme de cierta manera porque la ropa me gusta y, como tantos hombres que conozco, apenas verme de refilón en el espejo, solo para verificar que un frijol colado no me esté invadiendo un diente. Luego, navegar el día sin pensar ni una sola vez en cómo me veo, ni en cómo me ven los demás. Hay temporadas en que lo logro, pero no es la regla. Lo digo porque lo creo: debemos aspirar a que no sea una obligación ser bella; al mismo tiempo, me doy cuenta de la dificultad de encarnarlo.

Además, hay un mundo afuera que es real y existe a pesar de nuestras mejores intenciones: la manera en que nos vemos influye en cómo somos tratadas y nos recuerda nuestro lugar en la cadena alimenticia del deseo. Datos recabados por Christian Rudder indican una clara correlación entre la belleza de una mujer y sus posibilidades de conseguir un trabajo si el entrevistador es hombre.[5] Las gráficas de contratación son parecidas a las de la cantidad de mensajes recibidos en Match (el sitio del que salen la mayoría de los datos). Es decir: las mujeres rankeadas como más bellas reciben más mensajes, y también son las que tienen más posibilidades de ser contratadas, repito, si el entrevistador es hombre. Sus criterios de contratación son los mismos que los de ligue. En el caso de los hombres, sin sorpresas, su apariencia en términos de atractivo sexual es irrelevante para conseguir trabajo (no así su procedencia étnica). Los datos son principalmente para Estados Unidos, pero ¿qué tan diferente será aquí?

Por más bajo que cayera mi autoestima cuando veía a las tres pelirrojas, mi físico coincidía con los criterios de la belleza occidental: soy flaca y blanca. Probablemente mi físico ha influido en los trabajos que he obtenido, de acuerdo con esos criterios. Por otro lado, más allá de la manera en que el mundo ha reaccionado a cómo me veo, por muchos años la hermosa mezcla de baja autoestima y reiteraciones de que me veía bien me llevó a ver como un salvavidas lo que lxs demás decían de mí, me hizo dependiente. Entiendo en cierta medida a las mujeres que dicen que les gusta que les griten cosas (piropos) en la calle. Cuando estás convencida de que tienes la obligación de ser bella, el reconocimiento es la única forma de reafirmarte. (Aunque cabe aclarar que me incomoda mucho que hablen de mi apariencia física. Es contradictorio, ya sé.)

Por otro lado, un doble estándar descarnado dicta que las mujeres que se consideran inteligentes no deben pensar en cómo se ven. Y/o aunque así sea, tiene que parecer que no. Esto me llevó a constatar con cada halago que yo era tonta. (Para ser justa, probablemente lo hubiera pensado sin necesidad de lo otro, porque como están las cosas, partimos de que las mujeres son tontas por *default*.) Cuando me torturaba por las noches midiendo el diámetro de mis costillas, el rebote masoquista iba hacia lo imbécil que era por preocuparme por eso.

En algún momento me di cuenta de que no había manera de escaparme de los juicios ajenos, que, además, muchas veces solo existen en mi cabeza. Como me han medido yo he medido a otras, y sé que en mis juicios solo hay criterios patriarcales y colonialistas que desprecio. Continuar existiendo en minifalda se ha vuelto mi consigna desde hace mucho. Si me quieren juzgar de tonta, al menos seré una tonta con autoestima.

Ante todo ~~haz por conocer a la criada de la joven que intentas seducir, para que te facilite el primer acceso,~~ y averigua si obtiene ~~la confianza de su señora y es la confidente de sus secretos~~ placeres; inclínala ~~en tu favor con las promesas y ablándala con los ruegos;~~ como ella quiera~~, conseguirás fácilmente tus deseos~~.

UNA NOCHE LOCA CON UNA VARITA, O SEXO, ORGASMOS Y DESGRACIAS

En un pasado muy lejano estuve enamorada de un hombre que era adicto al porno. Yo no sabía que lo era, y como nuestro amor quedó en el ámbito de lo platónico, no pude ver los estragos. Un día, no sé por qué, decidió contarme que las consecuencias de su adicción eran tales que solo podía tener sexo de perrito y que cualquier cosa que se saliera del guion del porno hacía que su erección bajara. Su vida sexual, afirmó, era una mierda. Ahora me queda claro por qué una vez le dijo a una de mis amigas que me veía tan bien con un vestido morado que quería meterme una varita en el culo. Ninguna de las dos entendió bien por qué eso era erótico, y tampoco, porque éramos muy jóvenes, dimensionamos lo violenta que era esa afirmación.* De hecho, hasta se nos hizo ¿simpático?

---

* De regreso a esta hermosa anécdota, mi amiga y yo hablamos de eso ya en estas épocas y concluimos que, incluso cuando se trata de deseos poco aceptados socialmente, como el sexo anal, hay maneras de expresarlo sin que sea violento el mismo acto enunciativo. Esto no tiene tanto que ver con la elección de un léxico sublime, con hacer un soneto sobre sexo sadomasoquista o lo que sea, sino con elementos clave como el consentimiento. En el caso que narro, era un tipo contándole a la amiga de la que tenía el culo algo

La pornografía heterosexual más común, la que él y muchos otros hombres (y menos mujeres) consumen, suele involucrar una cantidad grotesca de deshumanización hacia todas las partes, pero en especial hacia las protagonistas, que están ahí para complacer a sus contrapartes masculinas y por ello presentan una visión poco realista de su propio goce. Es una mirada masculina del placer* que alimenta el imaginario de lo que debe ser el sexo. Si además no sabemos, porque nadie nos lo enseña, expresar con honestidad qué sentimos y qué queremos, un chico que entra a la vida sexual con ese panorama de penetraciones bruscas y cero *calentamiento* se sentirá realizado solo con meterla y sacarla unas cuantas veces, mientras su contraparte femenina reacciona asumiendo que debe mostrar placer aunque no necesariamente lo sienta.

Paul B. Preciado señala que:

> [...] la pornografía surgió como una dinámica de producción de imágenes sexuales explícitas filmadas por hombres, para el consumo exclusivo de un público masculino casi siempre heterosexual, en espacios de difusión y circulación reservados para hombres, como clubes y burdeles. De esta forma, el posporno plantea que detrás de la pretendida actitud documentalista y naturalista de la pornografía, hay un ojo que suele producir imágenes, prácticas y deseos sexuales que moldean esquemas rígidos de masculinidad y feminidad.[1]

---

que solo él quería, sin pensar en ningún momento en si la del culo quería la varita. (La del culo no la quería.)

* Ya sé que #notallpornografíahetero, más por delante.

El porno estándar se vuelve un designio, e igual que toda representación de amplio consumo, produce formas de estar en el mundo tanto como las retrata.

En contraparte, el posporno ha enarbolado la bandera de que la pornografía como fenómeno no es el problema, sino los valores que reproduce cierto tipo de pornografía. El posporno se presenta como una alternativa a esta, que escapa de la cultura de la violación y se acerca a un placer más fuera del libreto. Me parece crucial hacer la distinción entre una serie de conductas misóginas muy extendidas en la industria y el porno en sí mismo. Solo así es posible desestigmatizarlo y entender el fenómeno, así como la sexualidad resultante de este, sin la pátina de la moral, para proponer soluciones a la parte más violenta y perniciosa de la industria y las consecuencias emanadas de esta, y a la vez disfrutar de una sexualidad sin prejuicios ni culpa. Mujeres con menos culpa en el sexo resulta en mujeres con más agencia[2] en el mismo. Hay una industria abusiva que debe combatirse, pero no todo el porno está hecho con las mismas tijeras y no todxs lxs consumidorxs son violentxs. En todo caso, me parece interesante entender de dónde vienen las conductas violentas de cierta pornografía y cómo nos impactan.

Solo para poner un contrapunto interesante, Kate Millett tuvo a bien analizar en 1970 momentos eróticos explícitos en obras literarias de D. H. Lawrence, Henry Miller y Norman Mailer. El resultado son los mismos abusos que vemos en la pornografía *mainstream*, la misma falta de consentimiento y fantasía masculina. Eso no quiere decir que toda la literatura erótica sea machista ni violenta, quiere decir que en un mundo patriarcal es muy probable que lo sea, porque lxs sujetxs que la producen lo son (lo somos) en menor o mayor grado.

♥

Nunca he sentido mucha atracción hacia la pornografía, y mi visión de ella estaba sesgada por unos pocos vídeos ultrapatriarcales y violentos que algún amigo tuvo a bien mandarme sin petición alguna, y por documentales como *Hot Girls Wanted*, que hacen ver la situación del porno como un monolito de maldad sostenido únicamente en la mirada masculina. Me interesa ver también el otro lado de la historia para entender su complejidad.

Cuando empecé a escribir, partí del supuesto popular de que las mujeres no conectan con la pornografía. Las estadísticas dicen lo contrario. Si bien son menos las mujeres que la consumen, cada año aumenta este porcentaje, que de por sí no es nada despreciable. En 2017, Pornhub declaró que 26% de sus millones de usuarixs eran mujeres, suficiente para que el tráfico del sitio bajara notoriamente el día de la Marcha de las Mujeres contra Donald Trump. De ese año para acá, cada vez se reportan más usuarias del sitio, y se puede suponer que de pornografía en general. Para ser claras: hay millones de mujeres solo en ese sitio, que definitivamente no es una central de porno feminista.

Sobre los hábitos de consumo, los datos de esta página dejan ver algunas obviedades y algunas cosas que no lo son tanto. Las categorías de porno que prefieren las mujeres son diferentes a las de los hombres. Por un lado, coinciden en el amor al porno lésbico, pero donde hay sorpresas es en la inclinación de las mujeres por el porno gay. Parece ser que esto tendría que ver con un rechazo al porno heterosexual, en el que suele haber un factor de jerarquización y centralidad del placer masculino, mientras que en el gay suele haber un mayor equilibrio.[3] (Esa es una interpretación, otra es el simple y puro amor a ver dos hombres revolcándose en una cama.)

En 2019 las estadísticas de Pornhub mostraron que las mujeres buscan 26.0% más que los hombres *pussy licking* (sexo oral a mujeres); 22.2% más *Solo male*; 18.3% más *fingering* (dedeo). Otros términos mucho más buscados por mujeres son: *lesbian*, *bisexual men*, *scissoring*, *romantic*. Estos fríos números comienzan a revelarme cosas interesantes. Muchas mujeres ven porno y prefieren aquel que está relacionado con su placer. A la vez, búsquedas como *gang bang* y *anal*, que también ranquean alto, hablan de fantasías fuera de lo tradicionalmente atribuido al deseo femenino. Las búsquedas que se hacen detrás de una pantalla, en la intimidad de nuestros cuartos, hablan de una mezcla compleja de fantasías y deseos más allá de los tabús.

En el campo de la pornografía como educación sexual, me llama la atención la categoría *popular with women*, la segunda más buscada por las mujeres y que es muy relevante entre hombres de un rango de edad de 18 a 24 años. Es en esta edad en la que algunos estudios indican que el porno se utiliza más como una herramienta de educación sexual.

♥

Muchos estudios han tratado de distinguir entre consumo problemático de pornografía y consumo recreativo. No hay resultados concluyentes. Esto quiere decir que la línea que separa el uso placentero y la compulsión no es tan fácil de trazar. Más allá de casos extremos como la adicción al porno, que crea una gran insatisfacción en las relaciones tridimensionales, muchos estudios muestran toda una gradiente de posibilidades de la balanza satisfacción-insatisfacción. No quiero llenar esta página de estadísticas. Hay estudios que se pueden consultar. Para las siguientes afirmaciones utilizaré la revisión que Adriana Esteban hizo de nueve de ellos.[4] Lo que me gustaría remarcar es que el porno sirve para muchas cosas y trazar lo que le hace a las personas es complicado.

Tanto mujeres como hombres lo utilizan, por ejemplo, como una fuente de educación sexual, especialmente antes de los 20 años, pero como ya vimos, también a inicios de sus veinte. Hay parejas que lo usan en conjunto, y varios estudios mencionan que esto resulta en una mayor satisfacción en la vida sexual en pareja (contrario a cuando las partes lo hacen por separado).[*] Algunos dicen que el consumo de pornografía en las mujeres tiene resultados favorables para la pareja, ya que «fomenta la apertura a nuevas experiencias sexuales y un clima más erótico en la relación sexual».[5] La pregunta de qué fue primero: el huevo o la gallina, es, como siempre, si esto es porque las usuarias de porno se acoplan más al deseo masculino o porque se liberan más. En esta sociedad machista no

[*] Se habla acá por ejemplo de que «cabe la posibilidad de que estos efectos positivos descritos no se deban directamente al consumo de pornografía, sino a la naturaleza de la propia relación».

existe una *tabula rasa* sobre la que se puedan sacar conclusiones «limpias».

Como dije en párrafos anteriores, yo misma tuve que hacer mis planas de: «Si bien es cierto que muchas mujeres no conectamos con el porno, eso no quiere decir que sea así para todas». Es fácil irse por el supuesto de que como en el porno *mainstream* no existe intimidad y se dejan a un lado elementos como la comunicación, el afecto o el compromiso, a las mujeres no les gusta. Esta era una de mis hipótesis iniciales, como si hubiera yo hablado con todas las mujeres del mundo y todas me hubieran contestado: «Odio el porno porque me urgía que la güerota se echara una platicada y un par de citas con el vergudo antes de coger, que se conocieran, pues». Con estas hipótesis se perpetúa el estereotipo de que todas las mujeres buscan intimidad en el sexo, lo que, como ya mostraron tan solo las MILLONES de usuarias de Pornhub, no tiene fundamento. Debido a nuestra educación, puede que esto sea cierto para muchas, en muchas ocasiones, pero no para todas, en todas.

♥

Más allá de eso, como toda creación patriarcal, el porno más común presenta características misóginas que no pueden dejar de ser nombradas y, como mencioné antes, crean mundo tanto como lo reproducen.

Hay preguntas fuertes en torno a su uso, por ejemplo: ¿se puede amar la pornografía y no objetivar al otrx fuera de la pantalla? Me parece difícil cuando el sexo anónimo es para ti la definición total de sexo. Pero en general, cierto grado de objetivación está siempre presente, no solo de parte de los sujetos masculinos sino de los femeninos, con o sin porno, heteros o no, cis- o no. Cuando esta objetivación es consensuada y no es un problema para las partes, ¿por qué lo sería para el mundo? No podemos, al menos por ahora, pedir relaciones sexuales impolutas, erigidas más en nuestro *deseo de que sean así,* y no en nuestro *deseo* y punto. Hay algo también un poco cristiano en pensar el sexo como pura unión de los espíritus en abandono del cuerpo, con nada de animal en ello.

Sin embargo, la objetivación que predica la pornografía de ese tipo es especialmente insidiosa y violenta. El problema de la pornografía está mucho más extendido de lo que parecería en una época de fácil acceso a contenidos audiovisuales, y aunque el posporno es una muy honorable respuesta a las cárceles del porno tradicional, sus alcances son limitados. Tenemos entonces que vivir y coger con las consecuencias de la cultura del porno. Un artículo de Gabriela Wiener sobre el tema resume varias de las complicaciones:

> [...] las mujeres sufren tantas violaciones es porque los hombres lo que tienen erotizado —por su escasa educación sexual, por su consumo precoz de porno de mierda, por el patriarcado que los atraviesa, etc.— es el forzar y violentar mujeres; así como muchas mujeres tienen erotizados la obediencia, la pasividad y el sometimiento, porque desde niñas las obligan a darle un beso al tío y luego el tío las toca y ellas callan.[6]

El porno es solo parte (y consecuencia) de un problema mucho más amplio, pero es muy relevante porque es la escuela del sexo. Si muchas mujeres cargamos una historia de abusos que nos configuran para sentir la violencia hacia nuestros cuerpos como algo erótico y ellos ven en las pantallas las formas más deshumanizantes de sexo como la normalidad, el balance es la reafirmación de valores tradicionales. Con ello no quiero decir que debamos avergonzarnos de nuestras prácticas sexuales. Ya Wiener dijo mejor que nadie que en nuestra sexualidad, además de cosas sanas, se entremezclan violencias y cultura del porno. Lo último que se debería hacer es agregar a esta historia de traumas una capa adicional de vergüenza (que además seguramente ya estaba por ahí flotando). Sin embargo, podemos ir poco a poco hacia una exploración más amplia de la sexualidad que se escape de los límites salvajes de las constricciones patriarcales. Es urgente que los hombres lo hagan también.

Y ya existen otros modelos dentro de la industria del porno. Más allá de casas productoras de porno feminista (hola, Erika Lust), comienzan a surgir otras alternativas de *microporno* que se ve en redes sociales, como OnlyFans, donde le pagas directamente (o casi, porque es mediante una plataforma) a la persona que se encuera, hasta lxs generosxs humanxs que le regalan a sus *close friends* de Instagram partes de sí que no toman el sol. *Camgirls* y *camboys* que vienen en todos los sabores. Mención de honor al porno educativo, un proyecto, em, bueno, educativo, pero por lo demás igual de explícito que cualquier otro.

Desde el feminismo se ha postulado la pregunta de si puede haber porno feminista. El debate del trabajo sexual, incluyendo el de las creadoras de porno como trabajo digno o como sometimiento patriarcal, viene a cuento aquí porque el feminismo radical ha postulado que las trabajadoras sexuales son seres sin agencia que se dedican a eso solo porque no hay de otra y, definitivamente, no existe posibilidad en el mundo de que disfruten de lo que están haciendo. Si lo hacen, es porque son unas enajenadas patriarcales. Según esta visión, el trabajo sexual denigra. Alicia Delicia, productora de contenido sexual educativo, contesta a esto que

> solo se denigra el trabajo sexual si crees que la sexualidad es exclusiva de un espacio privado y en una relación de *amor.* Yo, como la mujer dueña de esta piel, decido dónde y cómo la muestro. Y si decido lucrar, porque vivimos en un mundo capitalista donde se *necesita* dinero y esto impacta directamente [en] mi calidad de vida, lo voy a hacer de la manera que mejor me venga a mí en todos los sentidos… Porque de todas las oportunidades laborales que tengo, esta es la que mejor me remunera y más feliz me hace. (Twitter @alicia_deliciaa).

Y sí, en sus vídeos de porno educativo se ve bien contenta.

Mientras tanto, desde una postura conservadora, la pornografía es una degradación moral tanto para quien actúa en ella como quien la consume.

La dinámica de tildar a las mujeres que participan de este negocio como «degradadas» o señalar paternalistamente que, de poder elegir estarían haciendo algo más, no hace sino reafirmar una serie de supuestos sobre lo que las mujeres deben o no ser o querer, además de estar asentado en un sospechosamente cristiano señalamiento de lo *impúdico,* lo perverso.*

♥

Un estudio sobre los cincuenta vídeos más vistos en Pornhub registró los porcentajes de orgasmos por género. El resultado: solo 18.3% de las mujeres alcanzan el orgasmo, contra el 78% de los hombres.[7] Si esta es la representación del sexo que consumen más comúnmente los hombres, ya no me resultan tan raras algunas experiencias que tuve a inicios de mis veinte, en las que me sorprendía cómo parecían no notar (o no importarles) que yo no estaba ni cerca del orgasmo para cuando ellos declaraban terminado el acto (o sea, obviamente, cuando se venían). La verdad, decir que me sorprendía es una sobrestimación. Lo veía como algo normal y exigir más de ellos me daba una pena enorme. Las pocas veces que lo hice hubo múltiples caras de hueva o afirmaciones de que no podían conseguir una erección en ese instante, como si su mágico órgano sexual fuera la única manera de tener sexo. Por otro lado, circulan esas estadísticas que afirman que en el sexo entre mujeres los orgasmos son mucho más frecuentes. Además de

* Está, además, el cuestionamiento de por qué diferenciamos el trabajo sexual y el trabajo manual, y por qué consideramos tan distintos estos usos del cuerpo dentro de la explotación capitalista. Para profundizar en el trabajo sexual como trabajo, se puede ver el siguiente documento de la nswp: https://www.nswp.org/sites/nswp.org/files/documento_de_politica_trabajo_sexual_como_trabajo_nswp_-_2017.pdf

la ya mencionada infrarrepresentación de los orgasmos femeninos en el porno, y su consiguiente desestimación en mucho del sexo heterosexual, esto tiene que ver con la necesidad de explorar formas de sexualidad que tiene poco espacio en los medios y, por tanto, mayor flexibilidad. Un ejemplo de esto es descentralizar la genitalidad en el sexo. El placer sigue un mapeo del cuerpo entero que la pornografía y, en muchos casos, el cine parecen haber olvidado. Entre mujeres, además, disminuyen los temores sobre el propio cuerpo, la necesidad de decir que sí a todo para rendirle culto a la aprobación masculina. Menos *performance* y más realidad. El sexo heterosexual tiene mucho que aprender de eso.

Una relación sexual que se entiende más allá de unir genitales (en cualquier formato) también está más allá de la lógica del orgasmo como fin último y único del sexo, que es otra forma de opresión que lleva a la idea de frigidez. Por ahí de los años setenta del siglo pasado, William Masters y Virginia Johnson hicieron lo que parecería una muy natural descripción del ciclo de la respuesta sexual, que es básicamente el que nos enseñan en la escuela si es que tenemos la «suerte» de recibir alguna clase de educación sexual. Este se compone de excitación, meseta, o sea el aumento de la excitación, orgasmo y resolución. Describieron, además, las respuestas físicas por género *normales*. El problema con esta forma de pensar la sexualidad es que cualquier cosa que se salga del patrón, se sale de la idea de lo sano, por ejemplo, una erección poco fuerte o no llegar a un orgasmo. Si bien la brecha orgásmica de la que hablé antes es real y hay que ver las causas y atenderlas, la fetichización del orgasmo como el único objetivo del sexo, o incluso como un fracaso si no aparece, es igual de digna de consideraciones.

♥

Hasta hace muy poco, la sexualidad femenina era, sin apología alguna, una posesión del hombre. Ahora, aunque se repite una y otra vez que las palabras *autonomía* y *mujer* van juntas, los mecanismos de control se han recrudecido. El más cruel y rebuscado es el de la violación. El miedo a la violación es un elemento disciplinario destinado a mantener a las mujeres a raya. Cuando leí por primera vez sobre eso, sentí una especie de alivio mórbido: no estaba loca. Durante mi adolescencia y gran parte de mis veinte, una de mis pesadillas recurrentes era ser perseguida por un violador. Una y otra vez la figura de un hombre corría detrás de mí en la oscuridad mientras yo sentía el pecho vomitando mi corazón. Cuando camino por la calle en las noches, lo último que me preocupa es que me roben el celular. La fábula del taxista violador tuvo un *upgrade* reciente al volverse la fábula del Uber violador. El tío violador, el amigo de los papás violador, el chico de la universidad que te pone algo en la bebida. Ser mujer es sentir terror permanente. Dice Virginie Despentes:

> La violación es un sistema de castigo, de control y de humillación ciega que cae sobre todas las mujeres. La violación es la raíz de la colonización, la raíz de cualquier guerra, y la raíz de la sumisión de las mujeres al patriarcado. Sirve para destrozar a las mujeres, todas las mujeres, las violadas

como las potencialmente violadas si no obedecen. Y lo sabemos todas.

Los cuatro hombres que violaron a Sohaila Abdulali, autora de *De qué hablamos cuando hablamos de violación*, le dejaron claro que lo que hacían era «educarla». Al fin y al cabo, ¿cómo era posible que estuviera ella, una mujer, «sola» con un amigo, no un esposo, en la calle, de noche? La chica necesitaba aprender. Es el mismo mecanismo detrás de las violaciones correctivas. La mujer es del hombre, la mujer debe ser femenina. Cualquier disidencia exige ser disciplinada. En tanto custodios de su propio honor y poder, el valor más alto, los hombres han utilizado la violencia para mantener el orden sexual y a las mujeres «disciplinadas».

Luciana Peker habla del papel central del deseo femenino en la autonomía de las mujeres, de la rebeldía ante este miedo a la violencia masculina:

> Pero el miedo se hace carne con cada chica menos, desaparecida, asesinada o acosada en los talones de una sociedad que asusta como el lobo a Caperucitas que no están en un bosque y ya no son indefensas. [...]
>
> El miedo no se extingue solo como un soplido de furia o de fe. Pero también se detona con lazos sociales, con sororidad y exigencia de políticas públicas. Pero no solamente que saquen a las mujeres que sufren en su hogar la violencia machista, sino que no limite a las jóvenes y adultas en la calle como un adoquín frente al que nada puede hacer volver atrás [...] La moral mediática es clara: No pueden bailar, divertirse, besarse, tener novio, cambiarlo, sacarse fotos, mirarse, mostrarse, no pueden vestirse, desvestirse, acalorarse o gustar y gustarse, no pueden transitar la noche, probar y

> probarse. No pueden. O son condenadas a la violencia o al miedo. A esa condena la levanta la voz de las chicas y el derecho a la noche, al goce y al deseo.[8]

En cierto imaginario muy extendido, las feministas son a la vez unas putas y unas puritanas malcogidas. Frígidas que odian el coqueteo inocente de un macho ejerciendo su derecho, pero que a la vez pueden bailar reguetón. Dios mío, qué paradoja. No te gradúas como feminista hasta que te peleas con un compañero del trabajo porque quiere que le expliques por qué puedes bailar así y al mismo tiempo querer que no te acosen. Luciana Peker cita un discurso de Natalie Portman que da justo en el punto de la doble moral: desde que empezó a ser sexualizada (¡a los 13 años!) decidió que tenía que hacer todo lo que pudiera por transmitir una imagen lo más alejada posible de la sensualidad. Portman añade enfática:

> Algunas personas han llamado a este movimiento puritano. Quiero decirles a todas esas personas: el sistema actual es puritano. Quizá los hombres puedan decir y hacer lo que quieran, pero las mujeres no pueden. El sistema actual inhibe a las mujeres de expresar nuestros deseos y necesidades, de buscar nuestro placer.

Cierto tipo de feminismo, tan obsesionado con centrarse en el empoderamiento ligado al capital (sé decente, sé rica), con dejar muy claro que toda sexualidad femenina debe ser parte del secreto de cada mujer (hacer lo contrario es «hacerle el juego al patriarcado»), vuelve a caer en ese ciclo de represión. Mención de honor para algunas ramas del feminismo radical que dicen que los míticos años sesenta, lejos de liberar a las mujeres, amplificaron el privilegio de los hombres, que ahora tienen aún más acceso a las mujeres. Como si nosotras fuéramos incapaces de desear. El libro *Putita golosa* de Luciana Peker quiebra estas nociones con frases como cascada:

> Pero, fundamentalmente, el feminismo subtropical, sudaca, latino, comunitario o anticolonial (feminismos tercermundistas) no puede ser acusado de conservador o puritano porque, básicamente, exuda cumbia y reguetón, pantalones en culos grandes y tatuajes que destacan las tetas de las tortas y las travas, chicas que piden que los muchachos bajen a hacer downtown en vez de pechearse entre ellos en la esquina al grito de «chupame la pija». Las pibas, desde el secundario, plantan bandera en que las erotiza hablar de política. Pero eso no es que no son sexuadas, sino que su sexo habla. El feminismo no vino a matar al sexo. Pero sí vino a cuestionar el sexo mirado, chupado, hablado y consentido solo desde el deseo de la masculinidad hegemónica.[9]

La búsqueda del feminismo que a mí me interesa no implica la pérdida del deseo o del erotismo, ni siquiera una «limpieza» para ponerle su sello de 100% Libre de Actitudes Patriarcales. Como señala Gabriela Wiener, nuestra historia personal, con todas las influencias del mundo que habitamos, está grabada en el cuerpo y hay cosas que están más allá de nuestro control. La sexualidad con la que nos socializan es limpia, joven y heterosexual. Se queda bien guardadita en los cuartos y no molesta a los vecinos ni existe cuando hay hijxs. Es, como la pureza del amor romántico, más una fantasía que una realidad.[10]

~~La noche oculta las marcas, disimula los defectos, y~~
~~entre las sombras cualquiera~~ nos parece[n] hermosa[s]
~~Examina a la luz del día los brillantes, los trajes de púr-~~
~~pura,~~ la frescura de la tez y las gracias del cuerpo.

El Hombre Racional, o una cuestión de gustos

Una vez conocí a un hombre cuarentón que decía ser totalmente racional. Es más, había sido totalmente racional desde su más tierna infancia y no comprendía por qué los demás no lo eran. A mí esa afirmación ya me sonaba no solo irracional, sino incluso muestra de una forma muy particular de locura. Antes de esas fuertes declaraciones, lo había escuchado justificar su decreto de salir única y exclusivamente con mujeres menores de 28 años (y mayores de 18, dijo, supongo, para no ir a prisión, pero me lo imagino perfecto gritando en una manifestación del Día del Hombre un estridente «¡Legalicen a las de 16!»), usando ese tropo clásico de la misoginia cientificista que dice que las mujeres están plenas antes de eso y luego comienzan una implacable decadencia, mientras que los hombres están en su plenitud a los 40 (y a los 30 y a los 50). Sin embargo, oh misterio, el Hombre Racional estaba dispuesto a envejecer al lado de su ahora marchito ejemplar mujeril, de acompañarla en el lento camino a la desintegración de su belleza, mientras él (como aquel cuento de hadas en el que, mientras que una niña envejece, su anciana vecina se hace joven) era cada vez más perfecto. ¿Pero por qué salir solo con ellas? Era tan solo una cuestión de gustos y el gusto es incuestionable. Aparentemente, tildar a la mayoría de las mujeres como indeseables era un acto inocente, como preferir una mandarina en vez de, digamos, una naranja.

Yo, aún en la plenitud de mi *mujeridad* porque no había excedido los 28, me maravillaba de que alguien que se decía filósofo estuviera tan ajeno al cuestionamiento del gusto propio y no pensara que la subjetividad, aquello que pretendemos lo más íntimo, está en gran medida condicionada por nuestro contexto. A estas alturas, en el mundo post-Bourdieu/Foucault/feminismo, pensar que nuestro gusto es solo nuestro, en el amor, en el arte, en la ropa o en lo que sea, que decidimos autónomamente solo con el poder de nuestros corazones, me parece, en el mejor de los casos, inocente; en el peor, perverso. Guardadas las distancias, es el mismo misterioso fenómeno que hace que una temporada un color que jamás me había llamado la atención se aparezca por todas partes y que sienta una necesidad de obtener un vestido del Pantone del año, vive de manera mucho más profunda en las expectativas que tenemos sobre lo que es una pareja ideal, empezando por el físico.

El Hombre Racional argüía la legitimidad (y naturaleza) de su gusto, sin tomar en cuenta la violencia inherente a ello. Me sentí profundamente ofendida, aunque su intención, torcida y llena de plagas como árbol de jardinera, pretendía ser un halago: me decía que yo ahora mismo estaba en posibilidad de aceptar el ofertón de tenerlo en mi vida. Era como esas gangas de internet que te dicen que tienes dos días y solo dos días para comprar toda la ropa que quieras con un generoso 20% de descuento, solo que la promoción era él y la vigencia (*mi* vigencia) eran mis cumpleaños. Un recordatorio brutal de que las mujeres tenemos fecha de caducidad en el mercado del amor.

Todo hombre que decide relacionarse amorosamente *solo* con mujeres mucho más jóvenes (digamos un clásico 40 y 20 serial) ejerce, amparado en el santuario del gusto, una forma de violencia patriarcal. En enero de 2019, otro del equipo de Hombre Racional, el novelista Yann Moix, saltó al cuadro de honor de la infamia cuando declaró: «Prefiero los cuerpos de las mujeres más jóvenes, y eso es todo. Punto. El cuerpo de una mujer de 25 años es extraordinario. El cuerpo de una mujer de 50 no tiene nada de extraordinario. *Lo prefiero y eso es todo*».[1] En un artículo de la sección de *Lifestyle* de *El Mundo,* titulado «¿Qué problema tienen los hombres de 50 con las mujeres?», se encuestó a españoles entre los 40 y 60 años, y el resultado se resume así: «A esa edad, ellos las prefieren de veintitantos porque, según dice la mayoría de los consultados, les recuerdan su propia juventud, les dan la vitalidad perdida y, sí, tienen mejor cuerpo. Los hombres, claro, no pueden hacer nada contra esto, ya que, aseguran, su naturaleza es así». Las respuestas, atroces en su mayoría, se centran en una cosificación que da miedo (como si cogieran con pays y no con seres vivos) y en naturalizar su preferencia. Los hay desde los que mencionan que la evolución nos hizo así, hasta el cínico decidido que afirma: «Las mujeres experimentan su pico de valor social mucho antes en la vida y luego van bajando. Los hombres empiezan abajo y van subiendo». Son raros aquellos que se cuestionan esta *inocente* atracción. El artículo menciona también un estudio realizado en 1989 por el psicólogo texano David Buss. La conclusión, luego de que los involucrados contestaran exactamente lo que ya sabemos, es evolutiva: la selección natural hizo que esto fuera así para asegurar que el varón más viejo pero aún fértil pueda seguirse reproduciendo con la hembra joven. Como siempre, la ciencia no respalda eso. Y lo menciono solo porque el personaje en cuestión y muchos otros señores ponen el rayo naturalizador de la ciencia como centro de su argumentación.

¿Dónde se habla aquí de la mujer cosificada, ese monstruo social que nada tiene que ver con balbuceos evolutivos? ¿Del uso de los cuerpos como trofeos? ¿De la necesidad que tiene una masculinidad frágil de dominar a una persona mucho más susceptible de pasar por alto las fallas y abusos de un hombre? ¿De la necesidad que muchos sienten de impresionar todo el tiempo y de ser admirados? El Hombre Racional decía que le gustaba la inocencia de las mujeres muy jóvenes porque así podía formarlas y ver cómo se maravillaban con los descubrimientos. Seguramente no sorprendo a nadie cuando digo que era maestro universitario (y preparatoriano, con algunas historias *#MeToo* que deberían haberle costado más que el trabajo). Como dijo Zoe Williams en *The Guardian*: «Los hombres no se sienten atraídos hacia las mujeres menores porque su carne sea más firme, sino porque sus opiniones son un poco menos firmes, o al menos eso es lo que esperan. Cualquier persona 20 años menor que tú tiende a asumir que tienes razón en la mayoría de las cosas…». La Duquesa Doslabios, en «El blog de Lilih Blue», su columna en *20 Minutos*, habla de cómo en muchos casos, cuando sale con hombres mayores, todo lo que dice es más motivo de gracia que de debate.[2] Una mirada condescendiente, desde la sima de la masculinidad y el paso de los años.

La contraparte, las mujeres que prefieren hombres muy mayores, es también interesante. Es un despropósito, además de ser sumamente condescendiente, concebirlas como víctimas eternas de sus parejas, porque con frecuencia ese no es el caso. En estos temas es fácil medir todo en blanco y negro. Algo se obtiene al relacionarse con alguien mayor, desde prestigio social hasta la madurez de la que no gozan tus contemporáneos, experiencia en algún campo, subsanar alguna herida de infancia que se ha transmutado en gusto, etc. A veces, en todos los géneros, tan solo el azar de una diferencia de edad que queda en segundo plano con respecto a otras cosas. Hay también un amplio armazón mediático que señala a los hombres maduros como deseables y como parejas «naturales» para mujeres en sus veinte. Los motivos son muchos. El tema no es que nos relacionemos con gente mayor o menor, que haya chicas como Ana Valencia (21), la esposa del difunto doctor Mireles (60), que por *x* o *y* razón deciden unir sus vidas a un hombre que les triplica la edad: lo que me parece digno de señalar es que hay una estructura social que empuja a relaciones de desigualdad y que luego las naturaliza al grado de que se consideren solo gusto o hasta naturaleza. Ciencia.

No puedo dejar de señalar que las diferencias de edad importan. Una chica de 18, o de 20 años, que se junta con un hombre de 30 o 40 tiene un bagaje de vida infinitamente más corto. Por más brillante que sea, su capacidad para detectar actos de violencia no estará tan pulida. Un manipulador mediocre se verá en infinita ventaja y gozará de un potencial de ser idolatrado que no tendría con las mujeres de su edad.* Los testimonios de abusos de poder de hombres mayores contra chicas más jóvenes son infinitos y van en todas las gradaciones y modalidades de historias de terror. Por otro lado, el hecho de que una relación presente un desbalance de poder no quiere decir necesariamente que la parte más privilegiada ejerza sus ventajas sobre la otra persona.[3] El desbalance de poder existe en muchas relaciones, pero no en todos los casos se traduce en violencia. Cuando se trata de relaciones entre personas con edades muy diferentes, esta diferencia suele estar acompañada de otras cosas, como ingresos dispares, una mayor red de contactos y otras ventajas que pueden ser usadas en contra de la persona menos privilegiada. O no, si eres una persona decente.

♥

¿Por qué entonces la categoría de MILF (*Mom I'd Like to Fuck*, que no solo aplica a madres sino a mujeres «mayores») suele estar entre los primeros lugares en los sitios porno? En 2019, Pornhub puso a México en el cuarto lugar en la búsqueda de la palabra *mature*. Dejemos a un lado el hecho de que muchas de las mujeres que aparecen en esos vídeos tienen cuerpos que se alinean con los ideales pornográficos de un cuerpo deseable. Dice

* El mito de «los hombres maduran después» contribuye a perpetuar esta clase de dinámicas. En vez de exigirle más a ellos, les exige a ellas tolerarlos o subir la edad de sus parejas.

mucho de cómo se aproximan los hombres al sexo que en la intimidad del buscador se teclee MILF, y en la socialización del deseo se rechacen esos mismos cuerpos. La sociedad condena a las mujeres que están con hombres menores y ve como algo normal la historia opuesta. ¿Cómo entonces podrían admitir ante los pares que les atrae algo fuera de la norma del trofeo?

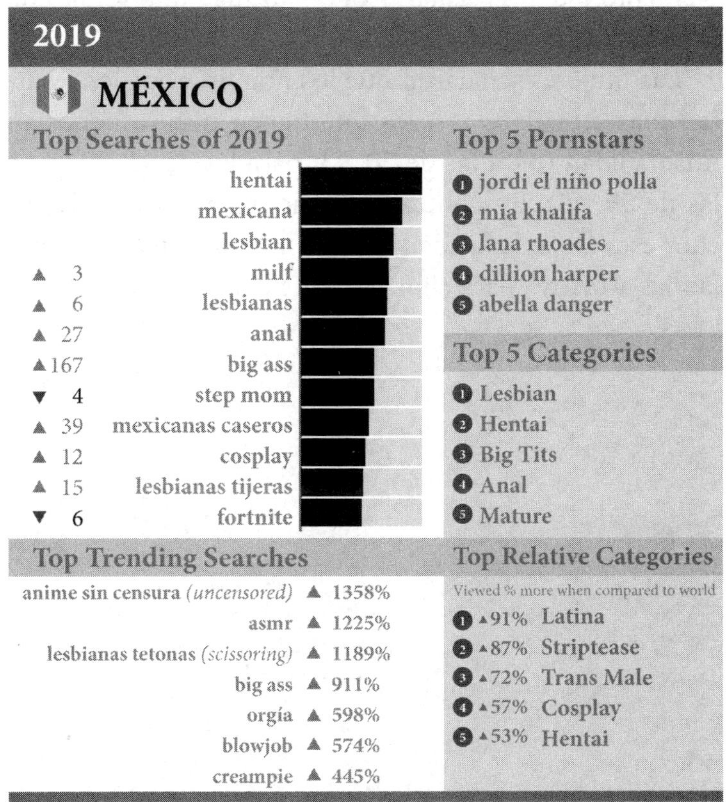

Más precisamente, las estadísticas de Pornhub de 2019 señalan que el término de búsqueda *mature* va subiendo de popularidad conforme el grupo de edad se vuelve mayor. Es decir, si entre los 18 y los 24 años ni figura, entre los 35

y los 44 aparece en sexto lugar, en los de 45 a 64 ya está en el segundo lugar, y de los 65 años en adelante en primero.

Christian Rudder, autor de *Dataclysm: Who We Are (When We Think No One's Looking)*, deja en claro la diferencia entre el deseo que se enuncia y las acciones que se emprenden. Todo empieza tal como pensaríamos. Los siguientes datos fueron extraídos de encuestas que simplemente piden al usuario que «juzgue» una fotografía en términos de su *deseabilidad*.

Las mujeres señalaron que los hombres que les resultan más atractivos son los que tienen más o menos su misma edad (para las de 20, 23; para las de 41, 38; para las de 50, 46). En contraparte, me parece adecuado incluir esta tabla de la edad que los hombres *indican* como la más atractiva para ellos porque habla a gritos.[4]

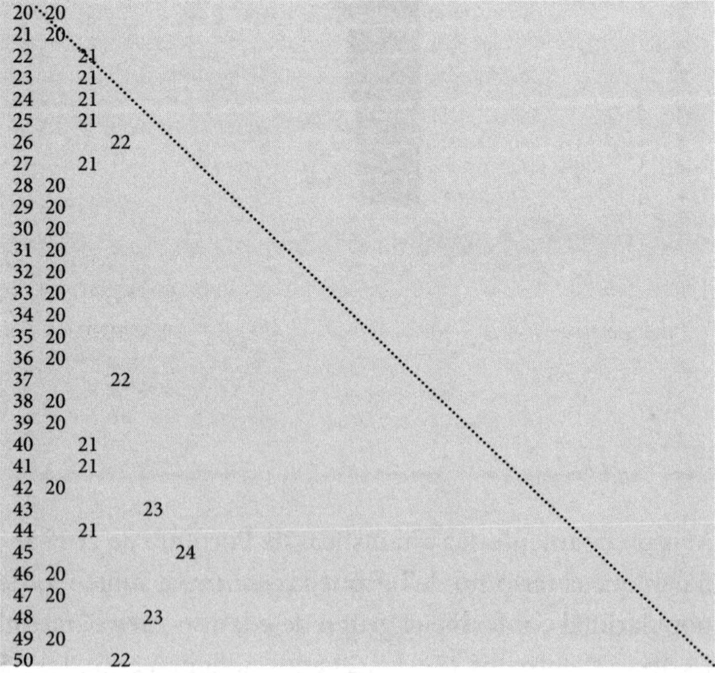

La edad de un hombre frente a la edad de las mujeres que se ven mejor según él.

Rudder lo resume así: «[para los hombres] cuanto más joven, mejor... si *cuesta abajo* hace referencia al inicio de la decadencia de una persona, una mujer heterosexual comienza su descenso tan pronto como está en edad de beber. Claro, otra forma de verlo es que las expectativas de los hombres nunca maduran».

Acá viene el *plot twist* interesante. Cuando los hombres introducen el rango de edad que quieren en los sitios de citas, este es mucho más cercano a su edad, a veces hacia arriba, a veces hacia abajo. Como dice el autor: no tendría sentido mentir porque estos sitios están hechos para conseguir citas en la vida real, no para quedar bien. Su conclusión es que hay una especie de mandato a la hora de juzgar las fotografías en términos de deseo. Los hombres contestan lo que *creen* que deben considerar atractivo. Mi conclusión no es tan generosa. Seguramente hay algo del mandato de lo que *creen* que *deben* desear, pero también hay mucho del deseo real con el que están socializados y sobre el que perseveran. Las expectativas de muchos hombres nunca maduran y los medios abonan a esto reproduciendo una y otra vez las desigualdades de edad de la «guapa» de la película, contra la del «guapo» de la película. La primera, siempre debajo de sus treinta; el segundo, en cualquier punto de la vida. El éxito se sigue retratando como un cincuentón rico con un harem de modelos de 23 años.

♥

En la subjetividad están inscritos una serie de supuestos naturalizados: que los cuerpos blancos son más bellos, que los cuerpos gordos son feos, que los cuerpos jóvenes son los únicos deseables, especialmente en el caso de las mujeres, que los celos son necesarios e inevitables, que la soltería es mala, que debemos ser más y más productivas. Pensar que nuestra intimidad está tan profundamente llena de lo que no es *nuestro*, que tantas elecciones no vienen puramente de nosotras, es a la vez duro y liberador.

Cuando era una adolescente enfundada en mi uniforme café de secundaria técnica tenía muy claro que el hombre con el que *debía* estar era un güero de clase media, que él tenía que ser el objeto de deseo de otras chicas, que debía aspirar, cual película de adolescentes en *high school*, a la popularidad, a atraer las miradas con mi novio perfecto, a gustar por él y por mí. Si mi realidad inmediata no tenía nada que ver con la de ese sueño, era algo totalmente secundario. Lo más parecido a ello, un grupo de chicos algo mayores que se paraban galanamente afuera de la secundaria y eran, decían, bailarines (los XV años requieren muchos chambelanes con oficio), era el objetivo obvio. Su edad, su guapura, su campaña publicitaria autogestionada era suficiente. Encima de todo, unos pocos habían sido bailarines de una estrella pop. Caso cerrado, dónde firmo. Nunca se me ocurrió pensar si eran buenas personas, si no eran unos psicópatas, si teníamos algo en común, si había empatía y comunicación o algo similar. Solo era el espejismo del difuso deber ser adolescente. Tampoco se me ocurrió cuestionar por qué me gustaban ellos y no otros, probablemente más afines a mí.

Crecí viendo series gringas. Desde mi formación de expectativas ridículas con *Beverly Hills, 90210*, hasta las dudosas relaciones interpersonales de *F.R.I.E.N.D.S*, todo lo que la televisión me mostraba muy bien podría haberse tratado de un curso intensivo de «deseo al güero», como cuando a Merlina de *Los Locos Addams* la someten a ver películas sobre cómo ser feliz. Para reforzar lo que ya no requería refuerzos, estaban las *boybands* propias y extranjeras, los comerciales, las telenovelas nacionales. Nadie sale impune de la evangelización racista. El «latino internacional» es el estándar de guapura nacional. Y si a eso aunamos ahora sí el clasismo, tan íntimamente ligado al hecho de que el porcentaje blanco en las clases altas es mucho mayor, estamos en un serio problema de aspiraciones y expectativas. En un país tan (in)discretamente racista como lo es México, uno en el que mucha gente incluso se atreve a afirmar que solo existe el clasismo, buscar nuevos modelos de belleza requiere un ejercicio cotidiano. No es automático. Es un problema *de gusto*.

Aunque México es un gran caso de normalización del racismo, en Estados Unidos se mencionan situaciones paralelas: por ejemplo, en las aplicaciones para ligar entre hombres, donde es común ver etiquetas de «no asians» o «no blacks». En uno de los pocos estudios que se han hecho sobre el tema, la mayoría (70%) de los encuestados se niega a ver esta situación como un problema de racismo, sino como una preferencia.[5] En varios sitios de ligue, especialmente en aplicaciones gay, se piden datos muy específicos sobre el usuario y su pareja potencial. Datos como raza, peso, complexión, estilo son parte de un cuestionario de arranque. En un artículo de *The Daily Beast* sobre el tema, el autor asegura que esto

> alienta la creencia de que [esas categorías] son útiles, naturales o apropiadas para definir a los individuos y a los (des)intereses sexuales... Por lo tanto, los hombres que frecuentan esos servicios web pueden encontrar confirmación o reafirmación para sus creencias en un ambiente que parece llevar al racismo sexual.[6]

No es de sorprender que en general sean las personas racializadas (aunque en un porcentaje sorprendentemente bajo) las que cuestionan esta idea de que se trata solo de una preferencia sexual. Secciones enteras de población son borradas con dos palabras clave: *No rice, no spyce, no curry* (No arroz, no picante, no curry), y un montón de personas no encuentran esto problemático ni cuando se lo señalan directamente. El gusto en el sexo se niega a ser cuestionado.

Me pregunto qué pasaría si simplemente se borraran esas categorías dentro de las aplicaciones. De manera inmediata, casi nada. La discriminación seguiría vigente, aunque más oculta, como el racismo, que se puede ejercer sin decir palabras que aludan directamente a él. Sin embargo, el lenguaje moldea el mundo y por algo se puede empezar.

Decía un amigo gringo que quién sabe con qué clase de magia negra aquí un güero mediocre austriaco se vuelve un guapo de portada de revista. Unos ojos claros valen oro. Hay una contradicción, porque a la vez que se nos indica que el gusto es profundamente individual y autodeterminado, los «consensos sociales» hacen a algunos individuos más deseables que otros. En un amplio sentido es una imposición seductora que se percibe como una elección inocente. Es difícil desgarrar los impulsos que nos hacen sentirnos atraídas solo por fenotipos de cierta clase o por «hombres rudos» (por poner un ejemplo), esos que garantizan algún tipo de maltrato de alta o baja intensidad, porque sentimos una forma incomprensible de atracción, porque son «nuestro tipo» y tienen un «no sé qué» que nos vuelve locas. Es en estas intersecciones en las que nosotras también terminamos participando y reproduciendo el colonialismo y machismo en el que se nos ha educado. Al fin y al cabo, es un sistema completo que recae en los hombros de todxs desde el día que nacemos. No se trata de darse golpes de pecho sino de notar cómo interiorizamos las lecciones del exterior y estas terminan por volverse sentimientos, así como de sentar las bases para un futuro más digno para todxs. Para ello, es urgente un cambio en las narrativas, especialmente por parte de quienes tienen un alcance de millones: por ejemplo, las producciones audiovisuales y el mundo de la publicidad.

El gusto está relacionado con nuestras expectativas de las otras personas.* Aquel empaque en que recubrimos la fantasía de la pareja ideal, la proyección de lo que queremos ser o hacer que los demás crean que somos dentro de las propias restricciones que la sociedad nos impone. Las mujeres sufrimos de manera inclemente este tipo de

* Vale la pena revisar acá la teoría de los guiones sexuales desarrollada por John Gagnon y William Simon. En ella se postula que vivimos la sexualidad a partir del uso de ciertos relatos que «funcionan como escenarios, en los cuales los actos, las relaciones y los significados de la sexualidad se inscriben organizados en historias. Estos escenarios funcionan como guías de orientación o de lectura permitiendo a los sujetos situarse y dar sentido sexual a las sensaciones, a las situaciones, a los propósitos y a los estados corporales. Además, estos guiones intervienen en la producción del deseo sexual que en las sociedades contemporáneas ha llegado a ser un componente importante de la construcción del sí-mismo». Jimena Silva Segovia y Jaime Barrientos Delgado, «Guiones sexuales de la seducción, el erotismo y los encuentros sexuales en el norte de Chile», *Revista Estudos Feministas*, vol. 16, núm. 2, mayo-agosto de 2008, pp. 539-556.

violencias del gusto, que se incrementa entre más factores de la norma cis-, hetero y picmentocrática nos faltan. Las personas morenas o negras de todos los géneros lo viven en una brutalidad cotidiana que no lxs representa como objetos del gusto. Nuestro matrimonio con el ideal de belleza nunca terminará a menos que logremos cambiar colectivamente nuestra subjetividad. Este no es solo un proceso individual. No es solo una «cuestión de gustos», sino el imperativo de cuestionar el gusto como sociedad.

Ánimo, y no dudes que ~~saldrás vencedor en todos los combates; entre mil apenas hallarás una que te resista; las que conceden y las que niegan se regocijan lo mismo al ser rogadas, y dado que te equivoques,~~ la repulsa no te traerá ningún peligro.

El sí camuflajeado, o el consentimiento no es una taza de té

Había una vez una *tinder date* como cualquier otra. En este caso, el personaje principal (se verá pronto por qué) era el pintor en drogas legales que mencioné antes. El otro personaje era yo. Tomábamos un café y a las dos frases se describió a sí mismo como un «loco». Luego, como para demostrar que sí tenía impulsos poco razonados, brincó de su silla y corrió a comprarme un libro carísimo que escribió con su papá. Hablamos de salsa y me dijo que nos moviéramos del sitio en el que estábamos, aunque apenas llevábamos unos cuarenta minutos ahí. Yo no tenía planes de hacer otra parada, pero me dio curiosidad ver qué pasaría. Fuimos a un salón de baile iluminado por luces neón, en donde derrochó energía dándome vueltas sobre la pista como si fuera más un trompo que una humana. ¿Seguir el ritmo de la música? ¡Ni hablar! El artista bailaba con una melodía propia, que era, me imagino, becominginsane-infectedmushroom.mp3. Me jaloneaba en todas direcciones y, con cada giro, veía su sonrisa desencajada. Cuando nos sentamos, yo iba por la primera cerveza. Cada una costaba $80 y mi piloto automático de emputamiento se activa cuando las cervezas nacionales de cadena cuestan arriba de $50, por lo que no iba a pasar de ahí. Él llevaba unas cuantas más, aunque me había dicho que estaba quebrado. Me pidió un ron. Me negué a volver a la pista porque su forma de bailar rayaba en lo homicida. Entonces, me dijo que fuéramos a su casa. Yo le dije que no. Me insistió y me insistió hasta que sentí que *tenía* que aceptar. Seguí el protocolo a disgusto: le escribí a una amiga para decirle que iba a casa de un extraño y le envié mi localización, deseé que no fuera un asesino y esperé el taxi. Al llegar, pasó lo que era de esperarse. Después de un brevísimo preámbulo, me llevó a su cuarto y empezó a desvestir a ese bulto de albedrío muerto que era yo. No estaba borracha (y aunque lo hubiera estado). Acepté mi hado con la resignación de quien sabe que Edipo quiso evadir el suyo y terminó matando a su padre por intentarlo. Mientras cogía conmigo, o me cogía (yo no puse nada de mi parte, así que supongo que esa es la mejor descripción de los hechos), lloré. Esta historia está fincada en una época oscura de mi vida en la que lloré durante el sexo más de una vez, y con más de una persona, por situaciones ajenas a los participantes del acto. Lo curioso es que ninguno se dio cuenta de mis lágrimas. Por supuesto que este caso no fue la excepción: si él era completamente incapaz de notar mi ausencia de deseo aun cuando estaba encima de un cuerpo que no mostraba goce, entusiasmo, participación o siquiera interés, mucho menos iba a notar que estaba llorando. ¿No lo notaba o no le importaba? No dije que no, no dije que sí. No quería, pero tampoco *no* quería tan fuerte, lo suficientemente fuerte como para evitar que pasara. ¿Para empujarlo, gritarle?

¿Para imponerme a la insistencia de su deseo? No lo considero (ni consideré) una violación ni un abuso sexual. No quedé marcada de por vida. Solo fue una noche de mierda más. Fui el personaje secundario de mi propia cita, que solo estaba ahí para darle sentido a su noche.

Esta no es la experiencia universal de mujeres que han estado en situaciones similares. A continuación exploraré otros casos, pero empiezo por el mío para hablar de una zona gris en el abuso. La idea de abuso sexual es muy amplia. Más allá de los hechos concretos que ocurren en un intercambio entre dos personas en el que una impone su deseo sobre la otra, la experiencia subjetiva de la parte agraviada es muy variable. Una misma circunstancia puede sentirse distinta y generar o no un trauma. Una mujer puede tener secuelas severas por algo como lo que yo viví o puede tenerlas por un arrimón en el metro. En la serie *Sex Education* se explora lo que un abuso en un autobús le hace al personaje de Aimee (un tipo eyacula sobre ella), quien después de eso no se siente segura en ningún espacio fuera de su casa. En mi caso, fue mucho más traumática la variedad de manoslargas que me agarraron una u otra parte del cuerpo en el transporte público o en la calle cuando era adolescente, que otros casos que podrían parecer «más graves». Que yo no me haya quebrado con eso de ninguna manera descalifica a quienes sí.

En «I Went on a Date with Aziz Ansari. It Turned into the Worst Night of my Life», Katy Way relata cómo una chica llamada Grace estuvo en casa del comediante, quien se había caracterizado a sí mismo como un hombre que respetaba a las mujeres y hablaba frontalmente contra la cultura machista. Grace le dio señales verbales y no verbales de que no quería tener sexo con él: «Expresé la mayor parte de mi incomodidad alejándome y murmurando. Sé que dejé de mover la mano en algunos puntos... dejé de mover los labios y me quedé petrificada». Esto no impidió que Ansari continuara presionándola y hubiera un intercambio sexual obligado. La chica regresó a su casa llorando y reconoció el acto como un abuso sexual. La polémica que rodeó a la publicación de este artículo solo demuestra cuán presta está la sociedad para tildar de exagerada a una mujer que tuvo relaciones sin desearlo. ¿Por qué no se fue? ¿Por qué no lo aventó, se lo quitó de encima? ¿Se puede considerar un abuso sexual a un acto en el que la persona no dice expresamente «no quiero tener sexo contigo»? Mucha gente consideró que no. Era obvio que un artículo así solo podía haber sido escrito con el objetivo de «difamar» al comediante. ¿Y quién era esa tal Grace de todos modos?

De vuelta a mi casa, me reproché todo el viaje que era una idiota por haber aceptado ir con él en primer lugar. ¿Él? Solo era otro más al que le daba igual «leer» lo que desean las mujeres. Tan simple como eso. Ahora me doy cuenta de lo torcido que estaba mi razonamiento. Sí, así sucede con muchos hombres dentro de la cultura de la violación que habitamos, pero la resignación no es el camino. Esa parte que me resultaba un acertijo estaba y está inscrito en mi educación de complacencia hacia los hombres. Dejarla a un lado es un proceso lento y confuso, con avances y retrocesos.

Un episodio de *Mujeres desesperadas* muestra a una de las parejas, muy casada y todo, ya en la cama. Él comienza a tocarla, ella dice que no tiene ganas. Él pregunta por qué, ella dice que simplemente no quiere. La discusión se torna un espiral cada vez más violento. Al final, ella dice: «hubiera sido más fácil aceptar desde el inicio». Decir *no* es mucho más complicado de lo que muchos hombres parecen notar. En mi cita con el pintor intervinieron muchos factores. Por un lado, no quise ser grosera. ¡Ser grosera! Porque, obviamente, esa era la única manera de evitar *ofenderlo*. Muchas mujeres narran experiencias similares: es más fácil decir que sí y esperar a que acabe rápido, no quieren (queremos) quedar mal con el individuo porque tenemos metida hasta el fondo del alma nuestra necesidad de aprobación masculina, no queremos hacerlos enojar, tenemos miedo, no queremos que nos dejen de querer, no queremos que nos piensen frígidas o aburridas... Las opciones son infinitas. Y, como señala Sohaila Abdulali en *De qué hablamos cuando hablamos de violación*, siempre es cierto que *no* es *no*, pero *sí* es *sí* muchas veces no lo es.* Saber decir que no debería ser algo dado, pero en cambio, como están las cosas, se requiere aprender a hacerlo, y la contraparte es que ellos no la ponen sencilla porque un *no* solo parece ser el camino para un *sí* posterior. Nosotras sentimos que debemos aceptar; ellos, que deben insistir.

La cultura de la violación en la que habitamos está basada en el supuesto de que el único deseo que importa es el masculino. El sexo es el deber ser del hombre.

* Lo dice, en parte, haciendo referencia a ese vídeo tan popular en el que se explica el consentimiento mediante una taza de té. Ella argumenta que no se puede simplificar el consentimiento a un *sí* porque en una cultura sexual permeada por tan profundas desigualdades, muchas cosas pueden llevar a una mujer a aceptar una interacción sexual que no quiere. El vídeo está disponible en https://www.youtube.com/watch?v=J0pA—iZTt3E

Un tipo que se describió a sí mismo como «muy viril» me dijo que tenía sexo con «su mujer» todos los días. Luego, su exnovia aclaró en un terrible relato la realidad: encontró vídeos de él usándola, entiéndase violándola, mientras ella dormía profundamente. Tan profundo que era sospechoso. Él era muy viril, sí, tenía sexo diario, sí. Con o sin la participación activa de ella. Cultura de la violación. Una cosa es preponderante sobre la otra: el deseo masculino sobre el disfrute y consentimiento femenino. De ahí que todas tengamos tatuadas en el cuerpo una constelación de pequeños y grandes abusos.

No es exagerado decir que la cultura de la violación está también en el hecho de que un hombre no se dé cuenta o no le importe que una mujer sienta placer. Esta afirmación parece poco, pero es mucho. Implica, en principio, que se tome el esfuerzo de leer el sexo como una actividad de iguales, en el que ambas partes deben ser igualmente deseantes. Implica que piensen cómo complacer a la par de ser complacidos. Implica no dejar de estar pendiente de las pequeñas señales y ser honestos consigo mismos, no venderse la fantasía de que ella también está disfrutando, aunque en el fondo sepan que no. Implica no insistir ante una negativa. La mayor parte de los hombres con los que me he cruzado en la vida fallan en varios de estos puntos. Es claro entonces que la falla no es individual ni, muchas veces, alevosa.*

* Aunque aquí hablo en gran medida de abusos sexuales «no intencionales», no puedo dejar de mencionar, aunque me salgo un poco del tema del ensayo, que la violación también tiene todo un constructo narrativo a su alrededor destinado a opacar la insidia del acto y del perpetrador. Saydi Núñez Cetina y Andrés Ríos Molina mencionan que en diferentes momentos his-

Cuando hablo del deseo masculino, me refiero a un deseo construido en una cultura machista que moldea lo que acabará siendo el deseo de los varones, no a una cuestión intrínseca de ellos, de su «naturaleza». La idea de que la testosterona los hace depredadores sexuales por *default* es simplista y esencialista, y no construye en nada. Lo mismo con aquel dicho nefasto de que toda penetración es una violación.

Tamara Tenenbaum dice en referencia a un relato muy similar al mío, de una cita en la que una mujer terminó por tener sexo sin desearlo:[1]

> Ese chico no es un violador, pero la cultura de la violación es esa. Él aprendió que el éxito de una noche depende de que haya o no sexo y que en esa competencia el placer de ella es una cuestión secundaria; ella aprendió que a los varones hay que darles todos los gustos, que es más importante sostener su atención que pasarla bien y que ciertas cosas mejor no decirlas para no pasar por pesada y arruinar el clima de una noche que venía divina (quizá no para vos y, en el fondo, tal vez tampoco para él, pero eso es lo de

tóricos han existido narrativas generadas por los hombres que minimizan e invisibilizan el acto de la violación. Este conjunto de justificaciones son conocidas como *rape myths*: «Por ejemplo, entre los mitos que han estructurado las ideas de la violación sexual, se han definido los siguientes: que los maridos no pueden violar a sus esposas; que una mujer disfruta de una violación; que la víctima inventa ser violada porque desea serlo, y para ello seduce al hombre que le interesa; y que las únicas mujeres que pueden ser violadas son aquellas pertenecientes a la clase alta por su delicadeza y fragilidad, ya que, a diferencia de las mujeres de clases populares, no tienen la fuerza física para defenderse ni están acostumbradas a vivir situaciones de riesgo». «Violencia de género y erotismo. La construcción cultural de la violación sexual en un cómic de los años setenta en México», *Letras Históricas*, núm. 22, primavera-verano de 2020, pp. 227-252, disponible en http://www.letrashistoricas.cucsh.udg.mx/index.php/LH/article/view/7210/6486

> menos). Por eso, como decía Abdulali, en algunos casos el sexo no consentido —o «casi» no consentido: es incómodo admitirlo, pero hay toda una gama de grises en estas situaciones— tiene mucho que ver no solo con el poder sino también con la educación sexual que recibimos varones y mujeres, y los roles que aprendimos a encarnar.[2]

Aspirar al consentimiento es lo mínimo que podemos pedir, pero hay mucho más que eso. Una sociedad en que se juzgue igual el deseo de todas las identidades y que le dé su lugar al placer de las partes involucradas va mucho más allá de consentir, va al *querer* y al *disfrutar.* Actualmente, es imposible escribir un libro que hable de amor y sexo sin hablar de la cultura de la violación. ¿Qué hacemos ahora que ya estamos aquí y tenemos que acostarnos entre la forma más normalizada de machismo?

La mujer ~~no~~ sabe resistir ~~las llamas ni~~ las flechas crueles de Cupido; flechas que, a mi juicio, hieren ~~menos~~ hondas en el corazón del hombre.

El llanto de Juan Gabriel, o así lloramos todas, todos y todes

Abrí por segunda vez las páginas del *Arte de amar* en 2017, en medio de un torbellino de dolores cruzados y relaciones rotas. Como buena estudiante de Letras Clásicas con algo de fe en los antiguos, esperé encontrar entre sus páginas algo que me sirviera para pensar mi miserable situación. Recordaba vagamente su contenido de mi tiempo en la carrera y, aunque sabía que el libro no iba precisamente del mal de amores, había algunos pasajes que recordaba por su belleza. Dígase lo que se quiera de usar a los clásicos como herramientas de superación personal, pero al menos yo he encontrado consuelo, o de perdida distracción, en muchos de sus versos. No fue el caso. Ovidio, prócer de los amantes, se sacrifica por el lector y, con un enfoque empirista que los más avezados científicos del siglo XIX admirarían, nos dice: «… yo me someteré al amor, aunque me destroce el pecho con sus saetas y sacuda sobre mí sus antorchas encendidas».

Me resultó un poco desalentador que el propio autor del poema, que asumimos un conocedor del tema, diga que él también sufre. Porque si así es, ¿qué nos queda a nosotras las simples mortales? Sufrir, obviamente, porque, también obviamente, amar es sufrir. ¿No dice así una máxima que ha pasado de boca en boca y atravesado un montón de manifestaciones culturales, así como las afirmaciones de una que otra tía que se ocupa de asustar a los más jóvenes de la familia con relatos de amores que arruinan existencias?

Esta relación entre amor y dolor es el sustento de los más memorables romances en la historia. Uno de mis favoritos, el de Pedro Abelardo y Eloísa, va más o menos así: en el siglo XII Abelardo era el maestro particular de Eloísa de Argenteuil, joven famosísima en todo el reino por sus conocimientos. Su tío Fulberto, un canónigo, era su protector, no se sabe si por orfandad o por designio de los padres de ella. En *Historia de mis desventuras*, una especie de autobiografía aleccionadora, Abelardo narra cómo, para conquistar a Eloísa, logró convertirse en su maestro y vivir bajo el mismo techo. De ahí a que floreciera el amor hubo un paso, y pronto las tutorías mutaron al *¿Ponemos algo en Netflix?* de la época. El romance pasional llegó a su fin una noche cuando un enviado de Fulberto, el malo de esta historia, se introdujo en el cuarto de Abelardo y lo castró. Todo porque, al descubrir el romance, exigió a los amantes que se casaran para así salvar… su propia honra. Eloísa nunca quiso casarse con Abelardo porque, siendo una santa como era, no quería dañar… la honra de Abelardo.* De todas maneras se ca-

* En ese mismo libro, Abelardo dice que Eloísa no quería privar al mundo de él mismo gravándolo con el peso del matrimonio. Eloísa, dice Abelardo, sentía que todos la odiarían, y con justa razón, por infligir a un hombre de fe y un sabio las obligaciones de un esposo; y luego suelta una de esas perlas de

saron a reserva, por petición de Abelardo, de que nadie lo supiera, porque eso iría en detrimento de su honor. Así, entre tantos intentos por salvar honras, Pedro terminó eunuco y Eloísa, abadesa en el monasterio de Paraclet, en Ferreux-Quincey, Francia, y el matrimonio siendo conocido por todos. *Fail* total. Este es, se supone, uno de los más grandes romances de la historia. Esta es, repito, una historia de amor.

Cabe preguntarse después de las fuertes declaraciones de Ovidio, y de los Abelardos y Julietas de la historia, si el amor siempre ha sido equiparado con sufrimiento. Si uno abriera un libro de mitología, o alguna novela decimonónica al azar, sería difícil encontrar como centro del relato un romance funcional, en el que las partes se comuniquen libremente, sean empáticas la una con la otra, no exista la codependencia y vivan básicamente en paz. Lo sabroso del relato son las mil penurias de los amantes. Los finales felices solo existen en los cuentos de hadas o en las novelas que históricamente se han considerado «para mujeres».*

---

misoginia pura que abundan en la historia de la literatura: «Era indecoroso y lamentable, decía, que lo que había sido creado para todos lo dedicara yo a una mujer, haciéndole caer en tal bajeza».

* Un caso de esto son las llamadas «novelas griegas» o «eróticas», género surgido alrededor del siglo II, cuyo centro siempre es el romance entre dos jóvenes excepcionalmente hermosos que son separados por circunstancias adversas del destino y reafirman su amor mediante las peripecias que viven mientras se buscan. Al final se encuentran de nuevo y viven felices y hermosos y ricos para siempre. Cuando lo descubrieron, en el siglo XIX, los estudiosos dieron por hecho que era literatura escrita para mujeres, porque ¿a quién si no a una mujer le podrían gustar tamañas cursilerías? A nosotros los hombres del siglo XIX, uga chaka uga, nos gustan las cosas complejas y profundas, como la tragedia griega. Me pregunto qué pensarían si supieran que las hipótesis actuales arrojan que en realidad la lectura de esas obras estaba mucho más extendida de lo que creían y que de hecho los principales consumidores eran hombres.

En el periodo en que abrí *El arte de amar*, había terminado una relación de muchos años, y más de una persona me dijo que me veía muy bien, entiéndase por muy bien, no muy deprimida, llorosa o devastada (sí lo estaba, pero esa es otra historia). Me llamó la atención esta invitación a expresar mi dolor mediante aspavientos dramáticos. Para una persona tan poco propensa a mostrar sentimientos como yo, esto es una misión imposible. Y es que sí, parece que el amor solo se puede cuantificar midiendo el dolor que causa y que vemos. Si no vemos a alguien derrumbarse después de un rompimiento, ¿le creemos que quiso a su pareja? ¿Yo me creería a mí misma si me dijera que sufro? Esa inclinación a regodearnos en el dolor de una pelea o una separación se manifiesta en mil canciones. Cito ahora a la santa tríada nacional: José José, José Alfredo y Juan Gabriel, cuyas letras son un homenaje al dolor masculino, que va desde la bebida hasta la violencia. Canciones que escucho desde mi cama todas las semanas porque las vicisitudes de esta ciudad sobrepoblada me han llevado a vivir frente a un karaoke desde hace años. Mi posición —no la llamaría privilegiada— de escucha pasiva de voces borrachas me ha permitido hacer algunas estadísticas *amateur* de lo que le gusta más a los intérpretes. Una de las pegadoras es esa que dice «Quiero que se oiga mi llanto», previo intento desafinado (verdaderamente desafinado) de imitar el mencionado lamento: Aaa aaa aaa aa. Dice la desdichada letra: «Te quiero/ lo digo como un lamento/ como un quejido que el viento/ se lleva por donde quiera». El desamor se grita, se canta borrachamente. Hay que dejar que se vea bien claro, como el amor mismo. No somos una sociedad nórdica, de esas en las que se invita a no mostrar sentimientos desmesurados y sí a mostrar distancia con el otro. Nada más lejano del temperamento latino que la sobriedad emocional, y para prueba, este precioso artículo dedicado al Amor (con «A» mayúscula) del diario *ABC*:

> ¿Qué podemos decir del amor? Tantas cosas, aunque a veces duele. Sí. Duele. Porque el amor nos lleva a vivir una dimensión en la que es difícil separar entre el gozo y el dolor, o al revés.
>
> Mirando o recordando los grandes amores vividos por gente singular, gente que se ganó fama de alguna u otra manera, notamos que el amor es todo, menos plácido. Y cuanto más tormentoso, más intenso. Es lo más parecido a una tormenta de verano: nubarrones, vientos, centellas y el paroxismo estallando en una plácida lluvia, que es el remanso que todo lo calma…
>
> Luego, por alguna ignota razón, en algún momento, nuevamente se repite el ciclo. Eso es lo encantador del amor, que siempre renace y se sabe cultivar, si se sabe mantener el fuego, siempre estallará en una hermosa hoguera que calienta, pero no quema.[1]

Según el autor de este texto y más de una melodía de la tríada llorosa, el fuego que se debe *saber mantener* parece tener por leños el dolor. Los que quieren defender esto por el lado más «científico» aclaman que la oxitocina, la hormona relacionada con el amor, el sexo y la sociabilidad, también se segrega durante las peleas. La hormona del placer y la furia. No hay de otra, dicen algunos, necesitamos esa pizca de química-sadomasoquista para revivir cada vez, perdone el cliché, la flama.

Hay algo que resuena ranciamente católico en la idea de que cuanto más suframos, más profundo será nuestro amor: sufrir para obtener el derecho al cielo.

Yonquis del sufrimiento. Muchas de nosotras cargamos con una necesidad de estar tristes equiparable con la del consumo de cualquier droga dura. El amor es perfecto para provocar desdicha, y si además se nos ha dicho que este es el centro de la existencia humana, sumamos uno más uno y creamos relaciones de puro dolor que satisfacen ambos frentes.

En México hay una relación directa entre nuestra forma de entender el amor y la religión católica, que nos inculca una mezcla de emociones confusas sobre el tema. Uno de los pocos recuerdos que tengo del catecismo al que mis padres me hicieron ir (en gran medida para evitarles una embolia a mis abuelas) es el día en que la catequista, una mujer muy beata de veintitantos, muy de falda hasta el tobillo y media coleta, nos hizo sufrir por Jesús, que tan generosamente fue a la cruz por todxs nosotrxs. Esa noche me sentí muy miserable y lloré por Cristo. Veinte años después de eso, bien atea, esos recuerdos son para mí como de otra vida, pero ¿cuánto de esas semanas en la capilla de atrás de mi unidad se me quedó adentro? Y no solo de ahí, sino de todas partes: no haber sido criadas directamente católicas no nos exime de vivir en una sociedad que guarda esos valores en cada recoveco. Como dice una página religiosa sobre el tema: «Existen situaciones negativas que Dios permite en nuestras vidas con el objetivo de alcanzar un bien mayor que no podemos ver o percibir». Ese bien mayor puede ser por sí mismo estar con quien amas, y llegar al premio más grande: el matrimonio, el romance perfecto, el *vi-*

vieron felices para siempre o, bajando las expectativas, el *esta semana seguro nos vamos a llevar bien y ya no vamos a pelear*. Una mezcla de esta impronta y la promesa del paraíso justifica las penurias del camino. Si ya desde niñas nos tomamos esa píldora de dos colores, el sabor agridulce de nuestra magnífica salvación, ¿cómo vamos a excluirla de nuestras relaciones? Claro que es posible hacerlo, pero el sustrato está ahí, mezclado con el eterno mito del sufrimiento de los amantes que corre en paralelo desde la antigüedad. Esos lugares idóneos en los que cristiandad y paganismo encajaron perfectamente.

Yo nunca he sido buena con la monogamia. Primero fui una infiel inocente, a la manera en que los niños torturan a sus mascotas porque no han desarrollado la empatía necesaria para ver que las hacen sufrir. No había sentido el dolor intenso y casi fulminante de cuando eres traicionada, así que no sabía que lxs demás podían sentirlo. Mi juego era la adicción a la dopamina del encuentro y el ligue, la persecución de un objetivo que me sacara de la tristeza gris que era mi adolescencia. Pero era un juego con otra ficha en acción, esa que sirve de contrapeso para la sencillez de un beso, o la delicia de acariciar y ser acariciada: la culpa. Ah, la culpa, esa fiel compañera de batalla que no abandona el corazón de nadie que haya sido criadx en un ambiente cristiano o católico. (Luego cambié, ya no soy así de mala persona.)

Pienso en esos seres, casi siempre hombres, que se califican bajo la ya de por sí dudosa categoría moral de «buenos» y que, sin embargo, engañan, solo para terminar sumergidos hasta el cuello en la culpa. A veces se confiesan ante sus parejas-*sacerdotas*, y lo hacen desde un lugar de sufrimiento tan grande que estas terminan consolando al infiel en vez de consolarse a sí mismas. Luego, ya expiados de su pecado, repiten el ciclo. La culpa es un lugar que, como el dolor, se vuelve familiar y cómodo. Puedes seguir siendo «buenx» siempre y cuando te arrepientas de tu actuar. Después de todo, lo malo sería que fueras cínicx.

En radical contraste, me remito ahora a un meme que se quedó grabado en mi cabeza desde la primera vez que lo vi. Decía: «Somos la primera generación a la que el amor debe dejar de dolerle». No sé quién lo hizo, ni qué quería decir exactamente, pero no he dejado de darle vueltas porque sí, es muy del siglo XXI que el amor sano no duele, empezando por la idea misma de que hay tal cosa como «amor sano». Me ha pasado más de una vez que al presentar esta aseveración, el interlocutor se muestra dudoso. Por ejemplo, pregunté a un amigo qué consideraba que era el amor y me contestó lo siguiente:

> El amor es felicidad y tristeza. No sé cómo explicarlo. Es como si supieras que vas a sufrir tanto tanto, pero a la vez vas a soportar todo.

Cuando las otras dos personas presentes le dijimos que esa idea del amor nos parecía nociva, quiso, sinceramente, que le explicara por qué está mal sufrir por amor y cómo se puede parar. Y se quedó con las ganas, porque yo tampoco sé bien cómo se hace eso. Como exploraremos a continuación, más allá de todo lo bueno, hay una parte de «dejar de sufrir» que vive en la idea utópica de que la «felicidad» es la meta de la vida, y de que el dolor es evitable por completo.

Por mucho tiempo, las mujeres han puesto las relaciones de pareja como el centro de su mundo. En su *The*

Will to Change, bell hooks afirma: «vivimos en una cultura en la que mujeres emocionalmente famélicas buscan con desesperación obtener el amor de un hombre».[2] Ella se refiere no solo al amor de una pareja, sino al de un padre, un hermano, un amigo, pero el punto es el mismo: el amor de un hombre como objetivo femenino y objeto de dolor. Los hombres son educados para cumplir sus sueños, para ser individualistas y valientes;[*] y las mujeres, para que el amor sea su móvil. Conseguir un esposo era la parte central de la vida de una mujer. Sigue siendo en menor medida. No tenemos mucho tiempo de haber empezado a crear una mitología distinta para nosotras y todavía no sabemos cómo compaginar ambas: la de nuestra educación como buscadoras de pareja y la de aquello que nos pide que seamos otra cosa. Tenemos interiorizada la idea de la mujer sufrida que lucha y sufre por amor en espera del paraíso.

♥

[*] Me gustaría hacer referencia aquí a un mito que me aterra por su vigencia. En la *Eneida* de Virgilio, Eneas, el héroe mítico destinado a fundar Roma, viene a dar a la ciudad de Cartago en medio de una tempestad. Su madre, Venus, decide hacer que Dido, la reina del lugar, se enamore de él. A partir de ahí, comienza un romance que deriva en la deshonra de Dido, ya que ella era viuda y no estaba bien visto que se uniera a nadie más, máxime un extranjero de motivos dudosos. En medio de todo esto, Eneas decide simplemente irse, pues su destino heroico es más importante que su amor por Dido o que Dido en cuanto a individua que lo dejó todo por él. Eneas se va, Dido se suicida. Eneas sigue con su deber; Dido muere porque ya ha perdido, de acuerdo con las normas patriarcales, la posibilidad de reinar, además de haber perdido el amor. Eneas no presenta en el resto del poema señales de sufrir por ello: ningún héroe sensato sufriría por el amor de una mujer.

Una nota sobre la felicidad como imperativo individual: a partir de la invención del psicoanálisis, se esparció ampliamente la idea de que nuestra infancia nos marca y que los traumas que desarrollamos en esa etapa son los mismos que reviviremos el resto de nuestras vidas, en un ciclo sin fin del que solo podemos salir conscientemente.[*] De alguna manera se nos dice que está en nuestras manos dejar de sufrir. Y lo que es más importante, que llegar a eso es posible. A partir de esa premisa, la cultura de la autoayuda ha tomado una vastedad de caminos que van desde nociones algo así como religiosas, como el Pare de sufrir evangélico, hasta la llana idea de que la terapia nos hará totalmente libres. Sara Ahmed, en su libro *La promesa de la felicidad,* expone cómo este siglo está especialmente obsesionado con la idea de felicidad como último fin, aunque la palabra esté tan desdibujada que puede significar ya cualquier cosa. La felicidad se vuelve una responsabilidad. El resultado es que, en el momento en que nos salimos de lo que se corresponde (o creemos que se corresponde) con ese resbaloso término, la infelicidad es doble porque no solo no somos felices, sino que somos un fracaso ante el imperativo social de serlo. Instagram está lleno de imágenes de gente sonriendo, *hashtags* que cuentan las bendiciones y vidas en apariencia perfectas. Es fácil sentir ese imperativo de la alegría como un peso. La felicidad se vuelve un *performance* para el otro, especialmente

---

[*] La neurociencia ha respaldado también esta idea, como explica el doctor Bruce D. Perry en *What Happened to You?*, el libro sobre trauma que escribió con Oprah Winfrey. Los primeros años de vida influencian los mecanismos del cerebro como ningunos otros. Esto se refleja en la capacidad a futuro de procesar la frustración y, en general, la adversidad.

en el caso de las mujeres. Cuando Ahmed habla de las feministas aguafiestas, parte de la idea planteada por Simone de Beauvoir en *El segundo sexo* de que en nuestra cultura la idea de felicidad (y de plenitud) para las mujeres recae en la de familia y, por tanto, en ser felices para otro.* En ese sentido, si los hombres requieren una familia para probar éxito más que felicidad, las mujeres la necesitan para llegar a esa meta. En cierta medida esto redunda en una añoranza desmedida (y muchas veces subconsciente) del matrimonio (o al menos el romance) como aquello en donde creemos que vamos a encontrar la felicidad, que, como ya se expuso, es el máximo fin. Con lo anterior no estoy sugiriendo que lo más recomendable es boicotear relaciones funcionales en pos de ah, esa encantadora sensación de miseria, sino que hay mucho de liberador al alejarnos de una exigencia que a la vez que promete que seremos felices, nos presiona para que suceda, como si mostrándonos un puño, nos gritara: «¡Sonríe, carajo!».

Además, el individualismo y algunas lecturas chafas del psicoanálisis nos invitan a pensar que todo está en nosotras mismas, nuestras alegrías y frustraciones. Muchas feministas, como Joan Scott y especialmente Ahmed, han señalado cómo este tipo de afirmaciones

* Con esto no me refiero a ideas —como las emanadas en la segunda ola en Estados Unidos, principalmente a partir de *La mística femenina*, de Betty Friedan— que aluden al ama de casa infeliz como la máxima manifestación de la opresión femenina. El feminismo negro se encargó de señalar que las mujeres precarizadas no eran, ni son, amas de casa de tiempo completo y que la opresión que se vive en el hogar es solo una parte de una gradiente de violencias por clase y raza. Pero lo que se sostiene es que, aun en esos casos, las mujeres son las cuidadoras de la familia, así tengan que hacer una triple jornada laboral (si se considera la del hogar).

decide convenientemente dejar fuera las situaciones de violencia estructural por género, clase y raza, y cómo estas nos atraviesan. Poner la idea de felicidad solo en nosotras mismas y la responsabilidad por sentirnos íntegramente bien todo el tiempo es pedirnos que eliminemos de nuestra vista la matriz de opresiones que nos rodean, tanto si nos impactan directamente como si solo somos observadoras sensibles y empáticas. Ahmed habla del feminismo como una consciencia «no solo en el sentido del género como limitación de posibilidades, sino como una consciencia de la violencia y el poder que subyacen a los lenguajes del amor y el comportamiento civilizado».[3] Somos parte de una estructura más amplia y muchas cosas nos exceden. Esto tiene un lado liberador: no está mal sentirnos enojadas por la injusticia en la que habitamos, no está mal estar inconformes y, definitivamente, no somos del todo dueñas de nuestra propia frustración. Quizá nos vendría bien dejar a un lado la presión de hacer de la felicidad una meta de vida y pensar la vida y las relaciones como un momento en vez de como pasos hacia algo más.

A pesar de todo, existen los destellos de realización. Las satisfacciones pequeñas y grandes, y como dice Ahmed, la conciencia de todo esto no implica dejar a un lado la alegría ni los buenos sentimientos; tampoco el deseo, la curiosidad ni la imaginación. Hay mucho más que la simple premisa de evitar todo lo que resuene a infelicidad y la fantasía de evadir todo sufrimiento, como máquinas de sonreír. El dolor ha sido parte de la experiencia humana desde siempre y puede ser una enorme potencia transformadora, no necesariamente un error. Pensarlo como tal parte de la idea de que debemos ser infalibles y tener una sonrisa permanente, y que todo lo que se salga de ahí es carencia.

Las relaciones están llenas de conversaciones y situaciones difíciles e incómodas, y estas no siempre son malas, sino que son incluso necesarias para construir puentes y llegar a acuerdos. Cuando decimos que «somos la primera generación a la que no le dolerá el amor», no hay que olvidar que las relaciones son complejas porque están hechas por individuos falibles. De lo contrario, la afirmación se vuelca al terrible imperativo de la felicidad o a una mímica hueca de esta. Si no logramos ser felices, somos entonces un fracaso. Si no somos los seres ideales que tienen relaciones ideales, somos un fracaso. Si sentimos dolor, debemos disimularlo y subir una foto sonriente en nuestras redes sociales. No todo el dolor es sufrimiento y no todo lo molesto es parte de una dinámica de codependencia y violencia.

♥

Esas dos caras de la moneda, dolor y felicidad, parecerían incompatibles, pero no lo son: por un lado, según una percepción común un amor que no duele no es real porque no hace penuria para llegar al paraíso; por otro, debemos ser felices y *seremos* felices cuando lleguemos a ese lugar. La obligación de ser felices nos causa dolor porque nos hace pensar que hay algo mal en nosotras si no estamos permanentemente en la tacha de la alegría, pero a la vez, como el amor requiere de dolor para ser real, es posible que en el fondo todo marche en orden.

Se puede ver en esa agridulce mezcla que, en espera de esa meta que es la felicidad, estamos dispuestas a pasar por el camino del dolor, que suele ser más bien un estado de cosas, no una etapa transitoria como esperaríamos. En esa expectativa del final feliz se cometen muchas violencias y se toleran muchos abusos.

~~Con las reyertas,~~ la esposa aleja de sí al ~~marido, y el marido a la mujer; obrando así creen devolverse sus mutuos agravios; esto conviene a las casadas: las riñas son el dote del matrimonio; mas en los oídos de una amiga solo han de sonar voces lisonjeras. No os habéis reunido en el mismo lecho por~~ mandato de la ley; el amor desempeña ~~con vosotros~~ sus funciones.

Para siempre me parece mucho tiempo, o el matrimonio ya no es lo que era

Una boda no tradicional. En medio de una hacienda gélida y verde, un amigo de la pareja fungió de sacerdote y recordó lo que los unió a ambos en los, ¿eran diez?, años que llevaban juntos. Lxs invitadxs rieron con los recuerdos de adolescencia de la pareja y sintieron (me pareció ver en sus ojos) la suavidad y belleza de un amor muy joven que se transformó en uno adulto. La ceremonia se consumó con un pequeño ritual en el que, con dos velas chicas, se encendía una grande. Mientras todo eso ocurría al frente, yo observaba desde una de las filas traseras, más cerca de la incomodidad que de la emoción, cómo las madres de lxs novixs y también unas que otras damas de honor derramaban lágrimas. La misma situación se repitió en el primer vals (que ya nunca es vals) y de refilón en muchos otros momentos de la noche. Sentadas en una de las mesas blancas en las que se sirvió la cena, M. y yo intercambiamos un par de frases:

—Yo nunca podría casarme —dijo ella.

—Yo tampoco.

—Y además odio ser el centro de atención.

—Yo también, bailar ese vals en medio de la pista me haría sentir muy incómoda.

Intercambiamos sonrisas y me sentí más calmada. No era la única a la que las bodas le causaban intranquilidad. Mientras veía a las madres, padres y abuelitas, tías, amigos y demás concurrencia conmovida, pensé en que mi familia nunca podría vivir esa clase de felicidad y sentí un peso que suelo hacer a un lado con rapidez, pero que he vuelto a sentir muchas veces desde mi adolescencia: la certeza de que es más fácil hacer las cosas a la manera en que más se hacen. Si bien es evidente que esto entraña sus propias dificultades, al menos existe una coraza social que guarnece a quien decide adaptarse a sus normas. Cuanto más te alejas de la norma, menos te recubre. Y estas normas no son algo externo al individuo, las cargamos todas adentro, estemos o no de acuerdo con ellas. Me siento incómoda en las bodas y me siento incómoda por sentirme incómoda. Me siento mezquina. Abrumada. Feliz e infeliz. Incluso celosa. Quisiera poder solo pararme un día y decir: ya no soy esta que siempre fui, ahora soy otra con otros sueños. Pero en cambio, siento un no sé qué colgado entre el pecho y la garganta al acercarme a la palabra *matrimonio* y, cuando lxs amantes se juran amor por siempre, cierta acidez lo recubre todo, como después de comer unas buenas enmoladas. No es una acidez hacia ellxs. Es una acidez hacia mí. El tema del matrimonio me resulta especialmente complicado. Quizá sea por esto que empecé a escribir esta sección sobre el matrimonio más hundida en prejuicios de lo que me di cuenta. Afortunadamente, algunas experiencias y lecturas me han hecho cambiar el rumbo. Me disculpo entonces porque estoy a punto de emprender un diálogo esquizofrénico entre lo que creí y lo que creo, cual Juan Gabriel entrevistándose a sí mismo.

Por años culpé al divorcio de mis padres de mi situación sentimental. No de lo que pasaba en mi vida amorosa, que parecía ir bien (mi relación de siete años me daba pase automático al grupo de las personas que «parecen» emocionalmente capaces), sino de lo que pasaba en mi cabeza: una incapacidad para creer en el amor a largo plazo; ya no digamos en un Parasiempre, sino incluso en un *para dentro de diez años.*[1] Antes de fundamentar (¿o revestir?) mi animadversión con teoría feminista, debo decir que de alguna forma el sueño del matrimonio que casi todos a mi alrededor parecían compartir nunca fue el mío. En más de una ocasión me sentí rota, incompleta y disfuncional; como ya dije antes, aún me sucede de vez en cuando. Sin embargo, eso ha cambiado mucho en los últimos años. Cuanto más hablo con la gente a mi alrededor, más se vuelve evidente que hay una tendencia a cuestionar el Parasiempre, incluso aunque sea aquello a lo que aspiran los cuestionadores en cuestión. Y mi estadística de dos pesos es respaldada por las reales y otros datos que exploraré en unos momentos.

Ana María Barragán cita que, de acuerdo con reportes de la ONU, hombres y mujeres mantienen una tendencia a divorciarse alrededor del cuarto año de matrimonio; sin embargo, tampoco las parejas de largo aliento se salvan: las separaciones después de quince o veinte años de unión van al alza. Me dio curiosidad ver los datos duros para México. El INEGI nos regala esta gráfica en la que describe el índice de divorcios en el periodo de 2000 a 2019, en la que básicamente se resume que los divorcios subieron un 57% y los matrimonios cayeron 24%.

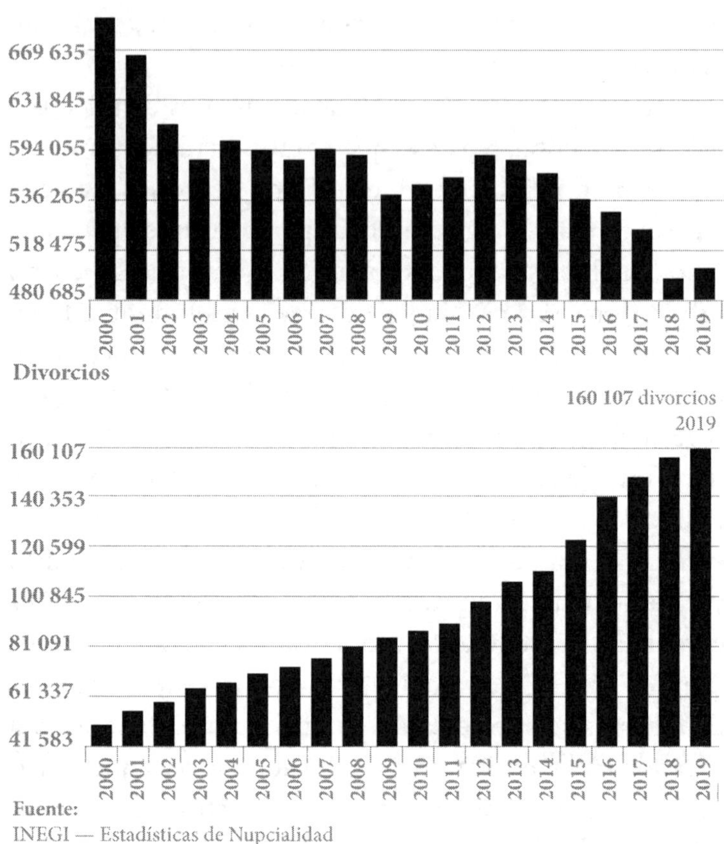

Fuente:
INEGI — Estadísticas de Nupcialidad

Mis papás y casi todos los de mis amigos habitan ahí, en esa gráfica. Otras muestran cómo cada vez más los índices de matrimonio y los de divorcio dibujan un tachado: los primeros van para abajo y los segundos van para arriba. *El Universal* dice que es porque mucha gente ahora vive en unión libre. Decir eso es casi como no contestar nada. ¿Por qué cada vez menos gente se casa? O mejor, ¿cuál es la función del matrimonio en la actualidad?

Esto, me dije, seguramente tiene que ver con la muerte del amor romántico, que según enuncian mis redes sociales, está comenzando su lento proceso de agonía.

Pero no siempre la experiencia inmediata es el medidor adecuado. Contrario a lo que creía, todo afuera de mi Facebook apunta a que no se ve ni como un puntito en el horizonte el día en que se decrete su muerte. Como punto de partida, en 2003, Pamela Paul, una periodista estadounidense, entrevistó a cientos de jóvenes y descubrió que la idea de la pasión y el enamoramiento seguía viva y coleando, lo mismo que el deseo de casarse.* La pregunta entonces es: *¿qué significa casarse ahora y qué ideales de amor romántico están involucrados, sin olvidar el sistema económico que habitamos?*

El matrimonio actual, dice Esther Perel en su libro *El dilema de la pareja*, es más demandante que nunca. Originalmente una institución fincada en un contrato mutuo que ahora nos suena más empresarial que nada (los servicios que cada parte proveía estaban rígidamente estipulados y el fin era la subsistencia misma y la unión de dos familias, no de dos individuos), el amor nunca fue parte esencial de la ecuación; incluso era prescindible.** La pasión y el matrimonio podían correr en direcciones opuestas y la identidad del individuo venía de la comunidad, nunca de una pareja. Luego llegó el romanticismo

---

* En aras de la honestidad, quiero decir que cuando leí esto, casada como estaba con mi hipótesis, me vi negando los resultados de esa investigación. «Es que fue hace 16 años, muchas cosas han cambiado», «es que los gringos son más propensos a creerse esos cuentos» y demás excusas pasaron por mi cabeza.

** Uno de los datos más interesantes que aporta este libro sobre la infidelidad es la idea de que en algunos casos era mucho más razonable buscar el amor (y el placer) en alguna relación extramatrimonial. Esto me recuerda algunas ideas de la cultura japonesa en torno al matrimonio, como las que se encuentran, por ejemplo, en *El libro de la almohada*: es preferible desfogar las pasiones con un amante que con un marido. El matrimonio es algo mucho más aséptico que el sexo por placer.

y nos regaló una noción exacerbada de individualidad, que ha hecho al sujeto cada vez más propenso a creer que toma decisiones, o sea, a creer que es *libre*, a la vez que ha debilitado a la comunidad y, por tanto, lo ha dejado más solo.

Como veremos en un momento, en Occidente llevamos más o menos dos siglos en este experimento llamado «nos casamos por amor». Solo para ilustrar el enorme cambio, tomo un pedazo de *Labor of Love: The Invention of Dating* de Moira Weigel. A principios del siglo XX, las citas en las ciudades sucedían así: uno de los muy pocos pretendientes que podía tener una mujer joven (porque de hecho conocía a muy pocos hombres, porque de hecho salía muy poco), tocaba la puerta de la casa de la chica y la pareja se veía bajo los ojos vigilantes de un progenitor. La dinámica seguía por unos meses. A partir de este somero conocimiento de las partes, se podía decidir un matrimonio «por amor». ¿Qué expectativas se podían generar con esto? Las mismas que las partes vivieron en su propio hogar y quizá en una que otra radionovela. Un hombre que provee, una esposa que cuida el hogar. Prestigio social. Además, las personas se casaban tan jóvenes que la formación de lxs novixs estaba incrustada dentro del matrimonio. Una devenía adulta estando casada. Ahora nos quejamos de que a los 18 somos muy jóvenes para elegir una carrera universitaria (a.k.a. saber lo que queremos hacer *el resto de nuestras vidas*); antes, a los 18, probablemente ya había iniciado *el resto de nuestras vidas* con un matrimonio.

Nuestras expectativas sobre el matrimonio se ven en el cine, se leen en las revistas y transitan entre mil frases inspiracionales. La persona con la que te casas tiene que ser tu media naranja, quien te conozca más que nadie, tu mejor amigx, tu confidente, tu pequeño mundo, tu pareja sexual ideal, alguien que te vea como nadie, para quien seas únicx ante un mundo desbordado. En comunidades cada vez más fragmentadas, la pareja es la unidad mínima de supervivencia y de identidad propia. Las expectativas sobre el matrimonio, dice Perel, están más altas que nunca: de una institución para sobrevivir pero no para amar a una institución para amar, sobrevivir, experimentar placer sexual, autodeterminar. Estamos lejos de esa dinámica a cuentagotas en la que teníamos acceso a muy poca gente y a citas que eran tan formales que difícilmente ocurrían. Ahora, antes de casarnos, podemos probar con cuantas parejas queramos, tener un muestrario de lo que hay allá afuera, en pos de descubrir esa media naranja que el amor romántico nos prometió hallar. El matrimonio no es una piedra de formación: es una meta. Qué serio es entonces encontrar una pepita de oro en ese río lleno de agua. Y qué fácil decepcionarse.

Lo peor de todo es que las dinámicas de consumo que rigen nuestra vida cotidiana no se quedan fuera del dormitorio, y así como se nos ha dicho que como consumidores merecemos lo mejor, una pareja siempre puede ser sustituida por otra cuando el muñeco cuya caja decía «Tu media naranja», marca Amor Romántico S.A. de C.V., resulta defectuoso; porque *tenemos derecho a exigir más*. En palabras de Perel: la gente ya no se divorcia porque no es feliz, sino porque *podría* ser más feliz.

Al son del capitalismo, la oferta ilimitada que brinda el mercado del amor crea una intranquilidad constante. En determinado punto, la «oferta» de parejas en potencia deviene en insatisfacción infinita.

♥

S., una mujer de 35 años que conocí hace poco, me contó que se casó y tuvo hijos sin darse cuenta. Así nomás. No como el cuento de aquella mujer con obesidad mórbida que va al hospital por un gran cólico y acaba sacando un bebé sano de cuatro kilos, sino más bien en el tono de *lo hice porque era lo que se hacía y heme aquí*. Diez años después de haberse casado con alguien de quien estaba muy enamorada, no entendía por qué lo hizo. Tampoco, y esto es lo más duro, estaba tan convencida de querer seguir casada. De hecho, decía que si pudiera tomar de nuevo esa decisión, quizá ese no sería el camino. Es imposible registrar en una estadística a cuántas personas les pasa lo mismo que a ella. Por otro lado, la Wikipedia enlista cincuenta y dos parejas cuyos matrimonios duraron o han durado más de ochenta años.[2] Es fácil aventurar que esto se debe a la época en que nacieron, que seguramente pasaron más penurias que alegrías juntos, pero era imposible que se separaran porque la sociedad no se los hubiera permitido; pero sería una generalización y nada más. El problema (que no es problema, citando a Arjona) es que nosotrxs, todxs, hemos cambiado, pero especialmente lo hemos hecho las mujeres. Para muchas mujeres de mi generación la idea de soportar a un esposo ya es eso, *soportar,* algo antinatural e indeseable. Seguramente para las mujeres de esa lista *soportar* no significaba lo mismo. No que no acarreara dolor, pues también duele cuidar a una persona amada que está enferma, hacer ejercicio o tratar de ascender en la vida profesional. Una decide cuáles de las cosas poco placenteras de la vida es *normal* padecer y, por tanto, requieren esfuerzo y aguante. «Una decide» es una forma generosa de decirlo, porque ¿cuánto de lo que asumimos como una decisión es imposición cultural? Para S. la normalidad era casarse con el hombre del que estaba enamorada. Su vida posterior la ha llevado a repensar si realmente es eso lo *que se tiene que hacer.* Puede decirlo en voz alta, puede comentarlo con una persona a la que conoce poco. Quizá muchas de las venerables abuelitas de la lista de Wikipedia pensaron lo mismo en algún punto, pero definitivamente no estaban en posición de decirlo: la idea del matrimonio, ese pacto para soportarnos hasta que no podamos más, o incluso hasta después, está cada vez más lejos del imaginario de los *millennials* y generaciones siguientes, tan poco proclives a creer en algo duradero. Lo que se tambalea, al fin y al cabo, es la idea de qué es lo normal, lo que se *debe* hacer.

♥

El movimiento feminista de los años setenta y ochenta tiene mucho que ver con el cuestionamiento del matrimonio como una institución que servía para atar a las mujeres y hacerlas una suerte de empleadas no remuneradas de su marido, muchas veces incluso con un trabajo fuera de casa, además de dentro de ella. Lo escribí en pasado, pero bien sabemos que sigue vigente en muchos casos. A partir de esta idea se ha cuestionado si una institución con una marcada historia de control sobre la mujer puede darse en condiciones de igualdad para sus miembrxs, o incluso si tiene sentido seguir habitando una forma de vincularse que hiede a patriarcado.

Para responder esa pregunta, vale la pena pensar el matrimonio en términos históricos. Estudios amplios sobre el tema, como el de Stephanie Coontz en *Historia del matrimonio: cómo el amor conquistó el matrimonio,* exploran las vicisitudes de una institución humana antiquísima y que ha sido de todo. Entre algunos grupos de cazadores-recolectores que sobrevivían hasta hace poco, aunque el primer matrimonio era arreglado, no había penalización si una mujer huía después con un amante. Esto se debía en parte al papel del matrimonio en sus orígenes: inicialmente era una manera de expandir las redes cooperativas de diversos grupos en circunstancias más o menos iguales; pero con la acumulación de riqueza en algunas familias y la inequidad derivada de ello, se convirtió en la forma en que linajes poderosos acumulaban más propiedades.[3] Europa se volvió experto en este tipo de alianza, mucho más normada socialmente porque de ella dependía el patrimonio de las familias que ostentaban el poder o estaban más cercanas a este. Era una institución social con repercusiones políticas. La idea del matrimonio como un lugar aislado de la vida política, un refugio del trabajo y la comunidad, es hija de la Ilustración y del siglo XVIII. También viene de ese momento concreto en la historia de Europa la enloquecida idea de que el amor es lo más importante para elegir una pareja.[*] Otra cosa curiosa es que fue aquí cuando el matrimonio empezó a considerarse un paso hacia la felicidad. Unir amor,

[*] Es importante notar que las regiones y clases sociales no adoptaron simultáneamente esta visión. Por ejemplo, entre las familias de clase trabajadora fue mucho más tardío, en ocasiones hasta el siglo XX.

matrimonio y la aspiración a ser felices tuvo muchos críticos, que veían en este coctel el germen del fin de la vida familiar. Después de todo, hacía que una institución colectiva pendiera de una decisión individual y con ello daba pie a que los matrimonios terminaran por algo tan menor como la miseria de lxs involucradxs (!). No es de extrañar que, a partir del siglo XVIII, la exigencia de leyes de divorcio fuera cada vez más fuerte.

Pero es que, incluso entre los pensadores progresistas, los casos en que se abogaba por la igualdad entre los sexos eran mínimos. Rousseau, por ejemplo, señala bien contento que hay que entrenar a las esposas para ser dóciles, porque siempre serán súbditas del hombre y mejor que se den cuenta pronto. En contraparte, pensadoras como Mary Astell llevaron las posturas contra la monarquía al hogar con cuestionamientos como que si no se necesitaba un soberano absolutista para un Estado, ¿por qué se necesitaría para una casa? Cien mil tiranos son peor que uno. Olympe de Gouges puso de manifiesto que muy hermosa y todo su Libertad, Igualdad, Fraternidad, pero ¿dónde entraban las mujeres en esa consigna? Su cuestionamiento llegó también al interior del hogar mismo, bajo la exigencia de iguales labores para hombres y mujeres. A pesar de estas críticas, el cuestionamiento tardó décadas (muchas) en comenzar a colarse entre la «intelectualidad» y la población general.

Los cambios económicos ahondaron en consolidar roles de género. En el siglo XIX, las labores del hogar eran mucho más extenuantes: hasta para comprar el pollo en la tienda tenías que quitarle las plumas. Entre eso y el hecho de que lo que antes se negociaba como intercambio de productos y servicios empezó cada vez más a convertirse en transacciones basadas en dinero, la necesidad de un salario fue cambiando el balance entre trabajo fuera del hogar y trabajo dentro del hogar, que antes abarcaba también al hombre, puesto que la necesidad de dinero era menor. El resultado fue la formación gradual de la idea del hombre proveedor y la mujer doméstica. En muchos casos, incluso dentro de la clase baja, era más barato que la mujer se quedara en el hogar e hiciera todas las labores, si se comparaba con lo poco que podía ganar en un empleo. Así, a partir de esos procesos y momentos nodales, el matrimonio siguió cada vez más por esa línea que, a la par que restaba poco a poco poder al soberano de la casa, ponía todo el peso en la idea de amor y felicidad, y mutaba lentamente a la idea de los papeles divididos dentro de esta.

Resulta extraño pensar que todas estas cosas que se dan por sentadas son una creación histórica que mana de muchas fuentes y causas socioeconómicas, que además llegaron a nosotras mediante un proceso de colonización. Para cuando los años cincuenta vendían postales *pin-up* de la familia feliz, madre cocinera, padre trabajador, hijos sonrientes y amaestrados, esa idea concreta de matrimonio ya estaba dando las primeras patadas de ahogado. Los años cincuenta, según Coontz, no fueron la cumbre de una institución, sino su decadencia.

Las capas de complejidad se superponen e intersecan con condiciones sociales específicas. En ciertos círculos, la función comercial que tenía en el siglo XVIII sigue viva: dos herederos se casan para seguir consolidando los círculos jerárquicos y cerrados, como archiduques austriacos. El matrimonio de dos familias (más que de dos individuos) sigue un tanto vigente ahí. Es posible que se recubra de amor romántico y que las partes incluso se gusten genuinamente, pero el escenario sigue siendo el mismo lago de privilegios que se autorreplican. En muchos otros casos el matrimonio se deriva de un embarazo que *obliga* a las partes a casarse. El bebé de compromiso, que le llaman. Es aquí donde un dato socioeconómico presenta una aparente contradicción: son sobre todo los sectores más ricos y más pobres de la sociedad los que se casan cuando hay un bebé de por medio. La clase media opta cada vez más por otras maneras de crianza y/o unión amorosa antes del matrimonio. Pero decir que *cada vez opta más* no quiere decir que lo esté dejando de lado. La cantidad de bodas a las que asistimos cada año sirve de prueba: la gente sigue casándose, y las palabras que se vierten en esos eventos también. Ya sea que se unan velas o se persignen las frentes, el amor romántico sigue siendo, en cierta medida, el ideario detrás de las bodas más tradicionales y más progres.

Si el matrimonio ha sido ese espejo cuarteado que refleja en múltiples direcciones los procesos históricos, me parece un tanto simplista pensarlo como una institución ontológicamente patriarcal o heterosexual. El matrimonio puede ser lo que sus miembros hagan de él, pero siempre tomando en cuenta que está insertado en un contexto más amplio. La trampa siempre será caer en los mismos roles de género y, en un abrir y cerrar de ojos, pasar sin querer a formar parte de la estadística de la ONU que afirma que el trabajo no remunerado de las mujeres en el hogar representa un tercio de la producción económica mundial.

Existen otras formas de relacionarse, como el concubinato, que cumplen las mismas funciones, pero que siguen sin tener el reconocimiento social de «seriedad» que se le confiere a una boda con la familia muy sonriente, sin importar si esta relación dura dos meses o veinte años. Lo mismo aplica para los matrimonios LGBTQ+, con todo y la crítica que se hace desde ciertos sectores del movimiento a buscar una «normalización» o una «institucionalización» para las disidencias sexuales. Dentro de las uniones no heterosexuales existe de todo, desde Amor Romántico S.A. de C.V., que ve en el matrimonio la postal de los cincuenta pero con una pareja del mismo género, hasta relaciones críticas de este que buscan nuevas maneras de pensarse, con o sin papel de por medio.

Hay quienes ven en el ritual de la boda solamente eso, una forma comunitaria de reconocer la unión de dos personas (o más) y compartir los buenos propósitos de una pareja, sin intenciones de asentarlo del todo en la misma línea de ideales de amor romántico. Darío Sztajnszrajber (alguien dígame por favor cómo se pronuncia) llega al extremo de decir que a él le encanta casarse,[4] que lo ha hecho quién sabe cuántas veces, un *hobbie* de lo más encantador. Aproximaciones como esta son una estocada a la idea sacra de un matrimonio eterno y puro, y se acelera o pone de manifiesto lo que se ve ya en muchas otras partes: lo volátil del evento. Dentro de una sociedad que vive la monogamia serial (relaciones largas y exclusivas una después de la otra), querer que el matrimonio sea lo que era en los cincuenta es imposible.

Cuando me pregunto por qué cada vez menos personas se casan, me refiero solo a una de las múltiples manifestaciones que la institución ha tenido en la historia. En muchos momentos, la unión de individuos no necesitó ser reconocida por el Estado para cumplir las funciones del matrimonio. Sí, ahora menos gente se casa que en los años cincuenta, pero más se une en un concubinato que tiene las mismas funciones, aunque viva amparado bajo otro léxico. Stephanie Coontz también menciona que ha habido otros momentos y lugares en que el divorcio era mucho más común que ahora. Las interpretaciones sobre el fin del matrimonio son maneras de narrarnos culturalmente contraponiendo nuestra experiencia a la inmediatamente anterior. Si indagamos entre los recovecos de la historia, veremos que la cosa es mucho más compleja.

Muchas suspiran por el placer ~~que huye y aborrecen al que se les brinda; insta con menos fervor y dejarás de parecerle importuno. No siempre han de delatar tus agasajos la esperanza del triunfo; en ocasiones conviene que el amor se insinúe~~ disfrazado con el nombre de ~~amistad. He visto más de una mujer intratable sucumbir a esta prueba, y al que antes era su amigo convertirse por fin en~~ su amante.

Capillitas y catedrales, o la monogamia y la no monogamia

No recuerdo cuándo fue la primera vez que escuché hablar de relaciones abiertas, pero sí la primera vez que estuve en una. Quizá el orden fue ese: primero estuve en una y luego le puse la etiqueta. Fue en mis primeros años de la universidad. Mi novio de ese momento, algo mayor que yo, me propuso abrir la relación. Llevábamos un año y la experiencia de estar con él me estaba resultando de lo más extraña. Él me parecía gigantesco, una fuerza revestida en cuero y en libros de filosofía existencialista. Era un alma libre, tanto que una vez, de la nada, se fue de viaje un mes y dejó de contestarme mensajes; filosofaba de todo y soñaba, me dijo, con figuras abstractas sobre un fondo negro. A pesar de su irresponsabilidad emocional, aprendí mucho con él, de mí, de pensar e incluso de sentir. Era un tipo abiertamente sexual, presumía de sus gigas de porno y contaba intimidades de sus exnovias. No sé qué habrá pensado que pasaría cuando me dijo que abriéramos la relación. Si la plática tuvo alguna clase de preludio, ya lo olvidé. Solo veo su cuarto en casa de sus padres, oscuro y lleno de libros y sacos, y a nosotros, sentados en su cama de colcha negra, la propuesta, mi *sí* casi automático. Sus palabras: «pero quiero que nos contemos todo». «Claro», le dije. No entendía bien qué implicaba una relación abierta, pero tampoco me interesaba demasiado indagar más. Sepa la lectora que los que me conocieron antes de esa época me dicen que yo no era precisamente comunicativa con respecto a mis sentimientos. Esto es: reprimía todo hasta que, cual olla exprés mal cerrada, los frijoles acababan embarrados en el techo. Con este nulo nivel de introspección, llegué unos días después a contarle, honrando la promesa de transparencia total, que tendría una cita. No solo eso: nos vimos antes del evento. Recuerdo exactamente qué me puse: un vestido corto color vino, sin espalda, satinado, un enorme collar de bolas rosas que hace mucho que descansa en el averno de los accesorios que no debieron ser, y botas a las pantorrillas. Al novio casi se le salen los ojos en torbellinos de fuego. A petición expresa, esa fue la primera y última vez que le conté que saldría con alguien más. También, y sin petición expresa, él decidió nunca contarme nada de sus besos con otras. Así, poco a poco se extendió una tensión llena de culpa y silencio.

La experiencia fue un poco descorazonadora, no tanto por lo abierto o no de la situación, sino por la falta de claridad con la que articulamos nuestros acuerdos. Hay que empezar por decir que si en ese momento alguien me hubiera hablado de establecer pactos, yo hubiera estado más cerca de imaginar un rito que involucrara un pentagrama y la sangre de un macho cabrío que un elemento necesario para una relación. Jamás me había puesto a pensar en qué es una relación, qué se requiere para que funcione o, más básico todavía, qué quería yo de una. Todo lo que conocía de establecer vínculos venía de los medios y eran fundamentalmente tips para seducir y «mantener» a mi hombre a mi lado. Lo más cercano a esto entraba en el ambiguo rubro de la «comunicación», que nunca se desglosaba lo suficiente como para que se pudiera aplicar. No creo exagerar si digo que la mayor parte de las personas que entran en relaciones abiertas o que abren sus relaciones previamente monógamas se encuentran en el mismo terreno fangoso. Enunciar, como ese novio hizo, el *hocus pocus* de «¡Ábrase relación!» es bastante sencillo. Todo lo demás no lo es tanto.

En este campo los términos son resbalosos. Para fines prácticos usaré el término *no monogamia* para hablar de un espectro de modelos de relaciones en que no hay exclusividad sexual y/o afectiva y que se agrupan bajo la nomenclatura de «amor libre». Actualmente, muchas personas que lo practican han preferido dejar de hablar de relaciones abiertas, puesto que el término se ha vuelto tan polisémico que ya no describe nada en concreto. A lo largo de este libro, yo lo he utilizado de manera algo laxa pensando justo en la ambigüedad que entraña, pero también en que, regularmente, se le denomina así a un vínculo que demanda exclusividad en los afectos y admite grados de apertura sexual hacia afuera de la pareja. En cambio, una relación poliamorosa admite tanto apertura emocional como sexual hacia afuera de la pareja.* Como

* Como esto no es un manual sobre relaciones no monógamas (ni soy tan fan de ese afán clasificatorio exhaustivo muy anglo), no desglosaré aquí las incontables variantes que algunxs se han dedicado a clasificar. Sugiero consultar el *Mapa de la no-monogamia* que tradujo Golfxs con principios. Disponible en http://www.golfxsconprincipios.com/lamoscacojonera/mapa-de-la-no-monogamia-tacit-v-2-5/

no existe una Real Academia del Amor Libre que regule el uso de los términos, tómense solo como conceptos descriptivos útiles. La realidad es que los límites a veces son difusos y, como antes mencioné, la idea de «relación abierta» puede implicar también un menor o mayor grado de apertura de los afectos.

Un elemento imprescindible para hablar de las relaciones no monógamas es el de los acuerdos, pactos o límites. Como la monogamia ya viene (se supone) con reglas muy hechas, se asume que hay cosas que no se necesitan negociar. Mientras tanto, en las relaciones no monógamas todo tiene que establecerse de manera explícita porque las variantes son muchas. Ejemplos de límites son: «no podemos salir con conocidos en común», «no podemos traer a gente a casa», «no podemos contarnos nada de nuestras otras relaciones». La cimentación de una relación no monógama debe partir de desautomatizar las acciones, hacer una pausa y pensar más en profundidad los supuestos sobre el amor. Me hubiera encantado haber tenido esa serie de reflexiones previas al momento en el que estuve entre las paredes del cuarto negro de mi ex, el filósofo existencialista. Para empezar, por lo menos debí preguntarle: «¿Y qué es eso de abrir una relación?»; luego, tomarme una pausa para evadir la respuesta más obvia y pensar con detenimiento en todas las repercusiones y dimensiones políticas de ese acto.

En mi propio proceso, me ha tomado años reunir el valor, la madurez y el tesón para tener las conversaciones necesarias, y no es que me salga perfecto. Es por eso que unos años después de terminar con el existencialista repetí el experimento, con igual grado de despiste, cuando le pedí a otra pareja que abriéramos la relación. En medio de un torbellino de inmadurez de ambas partes, la relación se constituyó a partir de ese momento bajo el lema: «haz lo que quieras pero que yo no me entere». Se entiende: en su mayoría yo era la que hacía lo que quería, el que no se debía enterar era él. Cuando desperté a su lado luego de mi «cita» con Z. (*flashback* de 160 páginas), cada fibra de mi cuerpo dudó, como tantas veces antes, de mi ética, mi sensatez, pero, especialmente, de mi capacidad de amar. Quizá sí estaba muy rota y mis formas de relacionarme eran una prueba de ello. En gran medida estas sensaciones emanaban de la vaguísima regla de silencio que (¡de nuevo!) habíamos establecido él y yo. Esto ocasionó un sinnúmero de problemas en la relación, de los que enumeraré los peores:

1) Los límites desdibujados hacen que todo parezca posible y que a la vez todo parezca prohibido. Esto me hizo cometer actos francamente poco éticos, a la vez que me causó un perpetuo sentimiento de culpa cuando participaba en actos que sí eran éticos.

2) Esta afirmación a menudo contiene la cápsula de esperanza de que la pareja en cuestión no hará nada con otras personas. En el fondo, puede ser un *haz lo que quieras pero quiero que no quieras hacer nada con nadie que no sea yo, así que espero que no quieras hacerlo y no lo hagas. Así que asumo que no quisiste y no lo hiciste.* La fragilidad de este razonamiento —el potencial de causar daño y causarse daño— es enorme.

3) Es fácil también «olvidar» que se aceptó un trato de este tipo. El resultado: amnesias ocasionales y reproches tácitos o explícitos ante cualquier sospecha de

que una de las partes vio a alguien más. Menos claridad, más culpa.

4) De nuevo: el principio de una relación abierta, que no de un engaño consensuado, es, justamente, explicitar sus principios. Sin eso, no hay nada.

5) A la distancia, pienso que él realmente no quería una relación así, pero quería estar a fuerzas conmigo. Yo realmente quería a alguien que quisiera una relación así, pero quería estar a fuerzas con él.

Cuando terminé con esa relación, me dije a mí misma que nunca más volvería a involucrarme en un compromiso sin límites claros, sin pactos y sin comunicación. También, que nunca en la vida he logrado establecer una relación monógama. Y más importante aún, que no entiendo por qué debo quererla si mi cuerpo es mío; y el de mi pareja, suyo. En conclusión, me dije, los gatos son una agradable compañía y me encantan las plantas y mis amistades; si no encuentro a alguien que quiera relacionarse como yo, siempre tendré las cenas románticas con Nínive, viendo sus ojos verdes de doble párpado y su pelaje blanco y negro. El cliché de la loca de los gatos sonaba cada vez más sensato. En el mundo en que habitaba hasta ese momento, lo que me había encontrado, con afortunadas excepciones, eran infieles compulsivos (casi todos hombres), incapaces de pensar que su pareja viera a su vez a alguien que no fueran ellxs, gente que me juzgaba por mi deseo sexual, hombres y mujeres por igual diciéndome puta y viéndome con suspicacia, y personas que no entendían por qué o cómo la no monogamia podía funcionar, en el mejor de los casos, o, en el peor, que era un ente maligno que solo podían desear personas egoístas y malvadas. Yo era todos ellos a la vez. Por fortuna, la vida me mostró que existían más posibilidades que mi gata. Con el paso de los años me he encontrado con más y más personas que intentan formas distintas de relacionarse o personas que, aunque no lo intentan, son más receptivas a que tú sí lo hagas.

Sin embargo, también es importante notar que estas categorías (repito: las categorías, no la no monogamia), como las he postulado aquí, vienen de Europa y Estados Unidos, y que la mayoría han sido adoptadas y adaptadas en ciertas esferas privilegiadas (universitarios, clases medias, etc.).* Una amiga me dice que todo esto suena muy bonito, pero que si va con su novio a proponerle que se abra la relación, probablemente este no brinque de alegría y ella, en consecuencia, termine en peligro real. Su experiencia en un entorno mucho menos «progre» le hace dudar de la viabilidad del experimento. Además, de la respuesta violenta que puede surgir ante la no monogamia, hay ventajas de muchos tipos en la monogamia más tradicional, incluso monetarias, ya que permite unir con más facilidad patrimonios en un mundo precarizado. No quiero decir que esto no se pueda hacer desde otras formas de relacionarse, sino que la monogamia es parte del mecanismo de supervivencia, económica y emocional, de muchas personas.

El amor libre se plantea, de manera un poco pomposa, como secular, progresista y sin coacción, y por lo mismo puede servir como el típico argumento de superioridad moral del vegano güero que juzga al obrero por comer

* Me refiero al poliamor planteado así, desde la teorización del *amor libre*; de ninguna manera estoy hablando de la poligamia en general o de otras formas de no monogamia que han existido en todo el mundo a lo largo de la historia.

un taco, o pintarse a sí mismo como el último horizonte «evolutivo». No todxs pueden o quieren relacionarse en parejas no monógamas. Sin embargo, con o sin teorización del «amor libre» de por medio, la no monogamia ha existido siempre, en más lugares de los que podríamos pensar. Son algunas formas de no monogamia (al azar):

1) La poligamia islámica, por muy impopular que sea entre la gente progre, que tiende a reducirla a una forma de opresión patriarcal que ni vale la pena mencionar cuando se habla de estos temas.

2) Los satnamis, en la India. En un censo de inicios del siglo XX que se hizo en el centro de la India se descubrió que los satnamis[*] «se distinguían por su despreocupación por la fidelidad de sus esposas, lo que justificaban diciendo: "si mi vaca se va a pasear y luego regresa a casa, por qué no habría de dejarla entrar al establo de nuevo"». En ese mismo censo se alude a la bigamia de numerosas mujeres. En la India, en ese periodo, la sexualidad restringida de la mujer era más propia de las castas altas porque servía para establecer los límites de estas.

3) Cuando el capitán Cook y los demás viajeros europeos que lo acompañaban se toparon con los Arioi en Tahití, se horrorizaron con la libertad sexual en la que tanto mujeres como hombres vivían antes del matrimonio. Ni qué decir de los misioneros del siglo XIX.

Estos tres ejemplos sirven para ilustrar que la categoría «amor libre» que ronda entre nosotros es solo una de las

[*] Los satnamis son *dalit*, la casta más baja de la India.

muchas vertientes que ha tenido la no monogamia a lo largo de la historia y en las diferentes culturas; una vertiente occidental con características específicas y una historia particular. Danilo Castelli señala que: «Uno de los orígenes de la filosofía del amor libre es el pensamiento utópico de Charles Fourier, en su obra *El nuevo mundo amoroso*».[1] La filosofía del amor libre continuó desarrollándose a lo largo del siglo XIX y parte del XX vinculado con el anarquismo y el socialismo, como una forma más de oponerse a los mandatos sociales (que afectan sobre todo a las mujeres) pero también para ir pariendo una nueva vida afectiva libre de las lógicas de la propiedad privada. Emma Goldman, desde el anarquismo, y Alexandra Kollontai, desde el marxismo, fueron algunas de las teóricas del amor libre vinculado a un proyecto anticapitalista. En los años setenta del siglo pasado, el feminismo se encargó de seguir cuestionando la monogamia y de señalar su relación con la opresión de las mujeres. Actualmente, los caminos del amor libre se expanden también en múltiples direcciones, pero siempre rondando en torno al concepto de la no pertenencia y de la mano (explícitamente o no) del feminismo. Al menos en la teoría.

En las comunidades que se mueven fuera de los límites de la heterosexualidad, la no monogamia es un poco más común. Dentro de las relaciones LGBTTTIQ, las reglas han tenido que ser escritas desde lo individual. Si la sociedad te excluirá de cualquier forma, si tus reglas no son las reglas con las que «se debe vivir» (sino todo lo contrario), siempre se puede reescribirlo todo, crearlo paso a paso. Dossie Easton y Janet Hardy, las dos autoras del libro clásico sobre poliamor, *Ética promiscua,*[*] son un ejemplo de ello, y narran al inicio del libro cómo sus vidas amorosas y sexuales fueron una cadena de descubrimientos, acción y reacción. Sin las presiones de la heterosexualidad, pero con la marginalidad intrínseca de amar diferente, la libertad se entiende de otra forma. No hay libertad real sin diversidad sexual.

♥

La monogamia es el paquete que se nos entrega por *default* cuando empezamos a relacionarnos: trae unas instrucciones en apariencia fáciles de entender, pero que pronto te das cuenta que son una traducción de Google Translate directo del chino, con incontables errores de sintaxis. Una vez que armas el aparato, notas que no es tan estable como decía la caja y que no vienen en el paquete algunos de los accesorios que la tienda te prometió cuando hiciste la orden. Por una u otra razón, para muchos, nada de esto es

---

[*] Dossie Easton y Janet Hardy publicaron *The Ethical Slut* en 1997 de manera independiente en la editorial de una de ellas. A la vez colaboradoras, amigas y ocasionalmente algo más, las dos mujeres *queer* verían con sorpresa cómo este libro, incómodo para su época, terminaría por vender 200.000 ejemplares, además de circular libremente entre muchos espacios poliamorosos. Es una de las obras fundamentales para la expansión mediática de la idea de poliamor en Estados Unidos y tiene amplio impacto en comunidades poliamorosas en otros lugares del mundo. Una buena recapitulación de sus historias está disponible en Anna Fitzpatrick, «'The Ethical Slut': Inside America's Growing Acceptance of Polyamory», *Rolling Stone,* 16 de septiembre de 2017, https://www.rollingstone.com/culture/culture-features/the-ethical-slut-inside-americas-growing-acceptance-of-polyamory-112319/

tan importante. Qué bueno por ellos, un problema menos. Otras pedimos un reembolso y regresamos el paquete, que de por sí no pudimos armar bien. Nunca he sido buena para seguir instrucciones. (Otro grupo grande ni armó bien el mugroso aparato, ni le quedó al tamaño que debía, ni le gustó, pero ya no quiere devolverlo por miedo a pelearse con el fabricante.)

Brigitte Vasallo apunta a que la monogamia no es una forma de relacionarse sino un sistema de creencias y jerarquías. En este, el amor es ante todo el amor a una pareja que está por encima de todos los demás afectos: pareja (e hijos), luego familia consanguínea, luego amigos, luego todo lo demás. La fidelidad que se profesa es ante todo sexual, ya que no se cuestiona que existan otros afectos mientras no se ejerzan en el ámbito físico. Una golpiza de un esposo a su esposa puede ser mucho menos perjudicial para la idea de que «se aman» o de que la relación es «real» (no una mentira) que una infidelidad carnal.

El hecho más relevante es que, en nuestra cultura, la monogamia es el marco en el que se juegan las relaciones por *default*. Es el «lienzo en blanco» sobre el que pintamos cualquier vínculo amoroso, incluyendo, muchas veces, aquellos que se presumen no monógamos. Vasallo apunta la importancia de la idea de exclusividad cuando hablamos de lo que se considera Amor Real y cómo es una fuerza en continua tensión:

> ... a pesar de la fuerza que tiene la idea de exclusividad sexual en la definición habitual de la monogamia, es una práctica con una alta tasa de excepcionalidades. Los bailes de cifras y estadísticas, aunque muy dispares entre sí, raras

> veces bajan de un 30% de infidelidad en parejas casadas. Un 30% que entiende la infidelidad solamente en términos de relación sexual con penetración (porque las estadísticas, como el mundo en general, son falocéntricas y heteromórficas, es decir con fondo heterosexual y con forma de pene)… La idea de exclusividad no viene a delimitar exactamente las prácticas, a pesar de los esfuerzos de la policía de la monogamia por penalizar, perseguir y desalentar las sexualidades promiscuas, sino que viene a dar marca de legitimidad a un tipo de relación sexual frente a otras posibles eventualidades. Las y los amantes, las infidelidades, los adulterios y toda la variable de denominaciones de lo mismo forman parte de eso que llamamos monogamia. No son otra cosa, no están fuera del sistema, sino que son la excepción que delimita qué está bien y qué está mal, qué es legítimo y qué no, qué es normal y qué es anormal, escandaloso, vergonzoso.[2]

Como tantas otras cosas, nuestro modo de leer las relaciones parte de un binarismo: pareja-amante. El uno necesita al otro para definirse como tal. El uno es el límite del otro. Tan despreciada es la figura de la amante como la del cornudo. Querámoslo o no, la no monogamia vive también en ese contexto. Sin entender estos mecanismos, las relaciones abiertas, poliamorosas o como se les quiera llamar, acaban cayendo en las mismas jerarquizaciones y dolores de las que trataron de escapar en principio. Una relación abierta puede ser una copia al carbón de una monógama. En algunas relaciones abiertas en las que he estado y otras que he presenciado de cerca, el elenco completo de la monogamia ha estado invitado: el cornudo humillado, el terrible amante y la mala mujer que engaña (la puta). Y claro, en los entretelones, los celos y la culpa. ¡Lotería! Con mi exnovio (el no existencialista) nunca faltaba alguna alma caritativa ardiendo en deseos de informarle a alguna de las partes afectadas (la puta nunca era una de estas) el comportamiento indebido de la otra de las partes. A veces, esa alma caritativa vivía dentro de nuestros propios corazones y se aliaba con la culpa o los celos, y el sufrimiento era insoportable. La policía de la monogamia no es fácil de acallar. Además, la perfecta jerarquización monógama estaba bien puesta. La pareja hasta arriba, los amantes siempre en su lugar, siempre ocultos en su esquina oscura del cuarto y que dios me los cuide mucho.

♥

En medio de tantas anécdotas dignas de brindar con cloro, una podría preguntarse por qué yo o cualquiera perseveraría en tener relaciones no monógamas. Al fin y al cabo, la monogamia ya es bastante difícil de por sí a pesar de que tiene todos los alicientes sociales para realizarse. Nadie te va a voltear los ojos por decir que tienes una relación exclusiva, de hecho, probablemente solo se asuma y ya, pero como me pasó con Z. (de nuevo el *flashback* de 190 páginas), nunca va a faltar alguien dispuesto a preguntarte hasta por tus traumas de vidas pasadas para entender por qué decidiste elegir algo tan estúpido/inmoral/imposible (?) como salir de la monogamia. Me ha pasado a menudo que cuando le menciono el tema a alguna persona, se le escapa como por descuido alguna anécdota que más bien sirve, cual *exempla* medieval, para dar una moraleja, en la que algunos desventurados amantes intentaron el poliamor y terminaron mortalmente destrozados de sus metafóricos corazones. De nada sirve pensar en todos los corazones caídos en la batalla de las relaciones tradicionales perfectamente «fieles»; el problema es el poliamor.

Las razones de cada aspirante al amor libre serán distintas. En mi caso, desde que tengo memoria observaba las relaciones de las personas a mi alrededor y me daba cuenta de que parecían anhelar más la monogamia de lo que de hecho la ejercían: todos los noviazgos en mi prepa eran de parejas monógamas y, aun así, buena parte de ellos involucraba, en un punto u otro, a más de dos personas. Yo era, por supuesto, parte de estas. No entendía la idea de restricción que venía con la idea de pareja. No entendía por qué tendría que prohibirle nada a nadie, ni me gustaba que me pusieran reglas que me parecían injustificadas. Con el incómodo personaje de la «puta» que ya desde entonces me había asignado el director de *casting* de esta cosa llamada vida, quise entender cuál era la intersección entre eso que en mi vocabulario de entonces solo podía nombrar como *fidelidad* y la sensación de ser inadecuada por tener deseos sexuales. Para aliviar esta sensación incómoda me sirvió pensar de dónde venía.

La monogamia se narra culturalmente como si hubiera existido y sido lo más común, casi lo único, desde el inicio de los tiempos. Dentro de nuestra narrativa del amor es «lo natural».[3] Pero lo cierto es que, como tantas otras cosas, se trata de una institución cultural que se fue fraguando a lo largo de la historia a partir de momentos y lugares clave (y hegemonías políticas). Antes de hacer una breve recolección de algunos puntos en la historia de la monogamia que me parecieron interesantes, cabe aclarar que el hecho de que no sea «natural» no quiere decir nada en sí mismo. Pocas cosas son naturales para el humano. Así lo afirma David Barash, aguerrido defensor de la misma:[4]

> La monogamia no es natural. Eso quiere decir que debemos reconocer que, porque no es natural, es algo en lo que tendremos que trabajar si lo queremos. Una de las cosas que me parece que hacen a los seres humanos particularmente interesantes y quizá incluso únicos en el mundo animal, es que somos capaces de hacer cosas antinaturales.

Brigitte Vasallo problematiza de manera similar esta idea, pues ¿qué tan relevante puede ser debatir sobre la naturalidad o no de alguna conducta, sentadas frente a nuestras naturalísimas computadoras, bebiendo nuestra naturalísima bebida sintética o en un muy natural avión? Saber que nos hemos comportado de una forma u otra en diversos momentos de la historia es muestra de lo maleables que son las instituciones humanas, para bien y para mal. Para mí, como dice Vasallo: «La utilidad de rebuscar en la antropología, en la biología, en la arqueología es precisamente visualizar las construcciones, entender cómo se articulan y de qué manera se han transformado a través del tiempo».

Con esto en mente quiero mencionar algunos momentos de la *historia de la monogamia* que me hicieron pensar en ese constructo y su relación con el control de la sexualidad femenina. El punto en la historia que a menudo se toma como referencia para el debate de la «naturalidad» de la monogamia es el de lxs cazadores-recolectores. Tanto los ancestros de un pasado distante como los pocos que quedan no tenían problemas para procrear «en grupo», puesto que lxs hijxs/ todxs. Esto era necesario para la supervivencia de la comunidad en general. Sin la idea de propiedad de por medio, no existían disputas territoriales ni hereditarias. En el libro *Sex at Dawn: The Prehistoric Origins of Modern Sexuality,* Christopher Ryan y Cacilda Jethá afirman que, después de lxs cazadores-recolectores, la monogamia surgió para asegurar la paternidad en sociedades agrícolas: «Queda claro que quien salió perdiendo más (además de los esclavos) en la revolución agraria fue la hembra humana, que pasó de ocupar un papel central y respetado en las sociedad de recolección, a convertirse en una propiedad más que el hombre tenía que ganar y defender, junto con su casa, esclavos y ganado».[5] A partir de eso, los autores apuntan que la conexión entre la monogamia y el control de la sexualidad femenina ha sido uno de los ejes conductores de la historia humana. En resumen, en la mayoría de los casos documentados las únicas obligadas a ser monógamas han sido las mujeres; los que ponen las reglas son los hombres, quienes gracias a eso pueden darle vuelo a la hilacha sin demasiada penitencia. Ryan pone como ejemplo[6] a la Biblia, en la que hay innumerables casos de hombres, casados o no, que tienen sexo con más de una mujer. El adulterio era una cuestión eminentemente femenina: un hombre que tenía sexo fuera del matrimonio no era un adúltero, era nada más un hombre.

Esta idea de monogamia tiene un desorden esquizofrénico entre enunciación y praxis: se dice igual para todxs (la monogamia es tener una sola pareja, seas hombre o mujer), pero en la práctica solo aplica para la mitad femenina de una pareja heterosexual. Pensemos por ejemplo en las llamadas «tres adúlteras» de la literatura universal: Anna Karenina, Madame Bovary y Ana Ozores. Tan grande es la pena social que con la mano en la cintura se pueden hacer estudios rotulados así. ¿Por qué no se estudian los grandes adúlteros de la literatura con ese enfoque?

Durante mis años de prepa tuve un novio al que podría etiquetar como mi primer amor. Era el clásico galán preparatoriano, jugador de fútbol, de Converse y *happy punk*. Podría llamar a nuestra relación polimonogámica, es decir: ambos nos engañábamos en abundancia. Lo cruel del asunto es que nuestra situación física (él entró pronto a estudiar en la universidad mientras que yo seguía en la prepa) hacía que él pudiera salir impune de sus correrías mientras que yo estaba rodeada de un escuadrón de informantes siempre prestxs a rastrear mis romances reales o ficticios. Él se encolerizaba, me dedicaba canciones que incluían alguna variación de la palabra *puta* (es increíble la variedad que hay); yo negaba mi crimen, me sentía estúpida y culpable, y luego volvía a hacerlo sin sentir culpa alguna a la hora del acto. Así dábamos vueltas y vueltas en el precioso carrusel de la inmadurez.

Ya habíamos terminado cuando me enteré de que él también me engañaba todo el tiempo y de la peor manera. Ese día se me murió un poco la inocencia, porque no había sospechado de él, que siempre había interpretado el papel de chico bueno (a pesar de lo que sugieren las melodías insultantes que me dedicaba). Se me murió la inocencia y me nació la cólera, ¿con qué cara pasó años torturándome por mis infidelidades si él era la misma mierda?, ¿y si todos sabían que él veía a más personas, por qué le seguían reportando mis actos como si fueran totalmente distintos a los suyos?, ¿por qué yo era la puta y él el chico bueno?

Aun ahora, el castigo social al hombre infiel sigue sin ser tan fuerte como el que se ejerce en contra de una mujer infiel, y la frase que una amiga recibió cuando le dijo a su madre que quería separarse de su esposo promiscuo lo resume todo: «Es tu cruz». ¿Qué hombre en una situación similar recibiría una respuesta así? En México es más probable imaginar a un buen amigo diciéndole al camarada cornudo algo así como «si yo estuviera en tu lugar, la mataba», que un «no, carnal, es tu cruz». En teoría, las mujeres en México se encuentran en una posición privilegiada con respecto a otras generaciones; en teoría, nada les impide (o al menos ninguna ley) tener bienes materiales propios; y, en teoría, en lo económico no necesariamente están a merced de sus padres o esposos. Sin embargo, existe un no tan sutil aroma a pertenencia, a ser objeto de alguien más, que nos recubre a todas y que se hace más pesado, más fétido, entre menos recursos tenga la mujer en cuestión.

En la historia de Occidente abundan los testimonios sobre sexo extramarital. Georges Duby menciona, por ejemplo, que en la Europa feudal (alrededor de los años 1000 a 1350 d.C.), entre la aristocracia:

> [...] no dejaban de producirse otros encuentros, ilegítimos y ocultos. Hay mil indicios que nos hablan de la exuberancia de una sexualidad privada que se desplegaba en los lugares y en los tiempos más propicios, los del secreto y la oscuridad, la umbría del vergel, la bodega, los rincones, así

como durante las tinieblas nocturnas que las pocas velas que había no eran capaces de traspasar, como ocurría también en el monasterio.

El matrimonio aristocrático era una institución que gestionaba títulos y tierras, herencias y grandes nombres, y la herramienta principal para ello era la procreación con la legítima esposa. Sin embargo, los encuentros «ilegítimos» ocurrían en todas partes. El adulterio se mantenía en secreto, como se mantenía en secreto a las mujeres aristocráticas, que no podían salir solas ni ser vistas (a menos que fuera el propio marido el que las enseñara). Y, sin embargo, había una excepción importante: cuando se podía lucrar políticamente del adulterio. ¿Una esposa muy mandona? Sin problemas: se acostó con su tío. ¿Vientre estéril? La vieron en el páramo con un sirviente. Adiós. Ninguna forma más sencilla de deshacerse de una dama incómoda. ¿Cuál es entonces la regla de la monogamia en esta ecuación? Duby no describe quiénes eran los actores masculinos de este teatro, más allá de decir que eran aristócratas, pero a las que sí enlista es a las mujeres: sirvientas, «parientes, madrastras, cuñadas o tías». Quizá esto tiene que ver con que se asume que casi todo hombre puede ser infiel, pero cuesta más trabajo imaginar quiénes eran las involucradas. El sexo extramarital nunca estuvo penado para los aristócratas varones. Prueba de ello es que en muchos momentos del medievo la prostitución ni siquiera era mal vista. La preocupación no era que los hombres tuvieran sexo fuera del matrimonio, sino mantener los límites del honor: «... Es evidente que en los tiempos feudales el honor, empañado por el miedo a la afrenta, era asunto masculino, público, pero que dependía esencialmente del comportamiento de las mujeres, o sea de lo privado», afirma Duby.

Janet W. Hardy y Dossie Easton afirman que en el siglo XVIII la familia nuclear asentó la monogamia como la única forma de relacionarse:

> Se construyó una normalidad asociada al modelo de familia: un sistema moral que exaltaba la unidad familiar, la fidelidad, la heterosexualidad y el lugar subordinado de la mujer con un rol de madre-reproductora-abnegada. Una cultura ilustrada promovió los valores capitalistas y patriarcales, poniendo a la familia burguesa como modelo para todos los sectores sociales.

La familia burguesa tenía una aliada muy fuerte: la medicina, una institución que llevaba un par de siglos siendo vara de la normalidad ajena. ¿Algo se sale de la regla monógama, heterosexual y capitalista? ¿Se sale, pues, de lo «civilizado» (lo blanco)? Entonces es una aberración psíquica que debe ser curada. A partir del siglo XVII existieron (y existen, que no se olvide) instituciones para tratar las sexualidades «desviadas», incluyendo aquellas fuera de la monogamia.[7] Todos los elementos patriarcales que tenían siglos fraguándose se reordenaron para servir al capital (a la producción de obreros) y la familia nuclear se naturalizó. Estaba dicho: el sexo era para procrear con una persona en específico, dentro de la única forma legítima de pareja, la de los casados. Walter Houghton explica en *The Victorian Frame of Mind*:

> Para mantener el cuerpo y la mente intactos, el niño era educado para que viera a las mujeres como objetos dignos del

> más grande respeto y asombro. Debía considerar a las buenas mujeres (su hermana y madre, su futura novia) criaturas más similares a ángeles que a humanas. Una imagen bellamente calculada, no solo para separar amor y sexo, sino para convertir el amor en adoración, y adoración de la pureza.[8]

Entre las clases medias y la burguesía el sexo por placer estaba destinado, para los hombres, a satisfacerse fuera del matrimonio, con prostitutas y mujeres «menos respetables» que sus santísimas esposas. De regreso a Vasallo, aquí se ve claramente cómo la idea de monogamia no está del todo centrada en tener una sola pareja, sino en la jerarquía que ocupa esta por sobre todas las demás relaciones.

Con esa apretada de tuercas, poco a poco terminamos dentro de una cultura de reverencia y pavor al sexo; de la profunda acentuación de la idea de que la mujer era privada (y pura) y el hombre público (una «mujer pública» era, al fin y al cabo, una prostituta); de la familia nuclear como nuestro santo naturalizado y de la monogamia como única posibilidad para sostener todo ello. A partir de la permisividad que gozaban los hombres fuera del hogar y la restricción absoluta para que las mujeres solo existieran dentro de este, la lógica de «la capilla y la catedral» quedó bien firme. Lo dicho: monogamia para todas y todos en el discurso; *amor bien libre* para los hombres fuera del hogar. Un hombre muy hombre tenía muchas mujeres pero una principal; una mujer muy mujer tenía feliz a su marido.

Si la monogamia es parte de una historia de opresiones patriarcales, cabe preguntarse si una institución con este origen puede aspirar a ser neutral. Es un caso similar (y muy ligado) al del matrimonio, que sí, ha servido para oprimir a las mujeres, pero no tiene que ser siempre así. La monogamia puede ser una decisión, como puede serlo el matrimonio sin coerción. La historia de una institución nunca podrá ser borrada, pero sí reapropiada. Los pactos de renuncia tienen algo de bello cuando vienen de una intención genuina, con pleno conocimiento de lo que implican, y son, me parece, en sí mismos valiosos. Pero eso, cuando y solo cuando, no partan de la coerción. El problema, como siempre, es delimitar qué tanto algo es una imposición social y qué tanto una decisión personalísima. Cuando yo me tengo que decidir entre poner maquillaje y no hacerlo, me encanta pensar que estoy decidiendo como mujer empoderada, autónoma, deconstruida, etc. Y, sin embargo, hay muchos elementos culturales detrás de cada minuto que paso poniéndome rímel o los que paso cada noche cubriendo mis incipientes arrugas con aceites de juventud eterna. ¿Para quién lo hago en realidad? El discurso se moldea de infinitas formas y a la vez que puede ser, como el labial que me unto, una forma de recubrir pensamientos patriarcales, puede que no lo sea, porque encuentro un disfrute real en hacerlo y en verme con los labios color morado, negro o rojo mientras le hago caritas ridículas al espejo. Dos cosas contradictorias pueden ser ciertas a la vez. Con esto no quiero decir que toda relación monogámica sea intrínsecamente patriarcal (ni que voy a renunciar al maquillaje), sino que es fácil que lo sea porque así ha sido históricamente, y caer en la trampa de replicar patrones es mucho más sencillo de lo que parece cuando estás habitando en una añeja institución. Tampoco, y aunque me duela, quiere decir que toda relación no monogámica no lo sea. Por eso vale la pena reflexionar sobre todas las formas de amor.

♥

No podemos hablar de monogamia sin entenderla desde sus orígenes, con todos los mecanismos de control que ha desplegado sobre los cuerpos femeninos. No podemos pensar siquiera en salir de ella sin hablar de liberación sexual. No podemos hablar de liberación sexual si no hablamos de cómo los hombres, como parejas o como amos, han controlado la sexualidad de la mujer, y de cómo los intentos de recuperar ese control nos han llevado a nosotras a vivir el miedo de su «disciplina». Tantos siglos bajo la tiranía del mito de la Eva que lo arruina todo con su sexualidad impura, y del Adán que no puede resistirse a la seducción original, no se borran en dos días. Es por ello que las relaciones fuera de la monogamia no existen en el éter, existen en la realidad histórica del ahora, que es hija de la coerción. Sobra decir que las relaciones monogámicas también.

Las formas no monogámicas de relacionarse han existido siempre de una u otra manera, pero en su vertiente occidental aceptable solían ser una mentira consensuada en la que el hombre tenía múltiples parejas y la mujer se quedaba en casa a «cargar su cruz». Visto lo anterior, pienso en lo difícil que es el *libre* del término *amor libre*; y a la vez, lo dudoso que es el *normal* dentro de lo que se presume que es la norma. Desde los brazos de nuestrxs progenitorxs mamamos reglas que poco se han obedecido, o que siempre han tenido asteriscos y letras chiquitas; luego cruzamos la idea de monogamia con nuestra buena dosis de educación patriarcal y católica que aplasta la sexualidad de las mujeres, sumado a las medidas disciplinares muy reales que la sociedad machista impone, desde las más «ligeras», como el *slut shaming*, hasta las más brutales, como la violación y el feminicidio. Una mujer sexual es una renegada en sí misma. Un hombre que la acepta y es su cómplice no tiene honor según la sociedad. Las relaciones abiertas (el amor libre) viven en el entrecruce de algunos de los postulados que se defienden con más fiereza en nuestra sociedad. Si bien el amor libre no se trata solo de sexo (a veces ni siquiera hay sexo involucrado), la proyección hacia afuera parece ser esa.

♥

Imaginemos a una pareja, a media luz, piernas entrecruzadas, viendo el quinto capítulo seguido de una serie, las dos sonrientes y haciéndose piojito hasta que a una se le ocurre mencionar que una personaja se parece a la ex de la otra. No sé sabe exactamente cómo, la conversación lleva a un punto en que la primera pregunta, ya más escalado el tono, si la segunda aún quiere a su ex, y la respuesta es que sí, que aún tiene sentimientos por ella, pero ya no le interesa nada más que una amistad. La noche se agria; de alguna manera, el amor que las dos tienen acaba de perder algo de valor al no saberse único para una de las partes: ella quiere a alguien más.

Un punto central en que monogamia y poliamor chocan es en su noción de la capacidad para amar simultáneamente a varias personas. En la *Ética promiscua* se habla de la economía de la escasez: el amor romántico dicta que los recursos amatorios son finitos. Si quieres a alguien, utilizas tu porción de amor en esa persona; de igual forma, el amor que alguien más deposite en otra persona ya no puede dárnoslo a nosotras. Hay un «fondo común» de amor que disminuye cada vez que alguien mete la mano. En la medida en que se ama románticamente a más gente, se hace con menos potencia. Contra eso, las autoras proponen la abundancia del amor. Si bien es necesario situar estas afirmaciones en un país de primer mundo, donde la idea de abundancia es muy distinta que en México y la precariedad ataca con mucha menor fiereza, la idea central se sostiene también aquí y se podría traducir laxamente al refrán: «El que mucho abarca poco aprieta».

Dentro de los parámetros tradicionales solo hay espacio para un amor a la vez. El poliamor parte del supuesto de que no tiene que ser así, de que se puede querer a varias personas simultáneamente, como de hecho ya sucede si nos salimos de los restringidos límites de las relaciones sexo-afectivas y miramos el amor por lxs amiguxs y familiares. Es más: como de hecho ya sucede incluso si miramos dentro de la monogamia y de las relaciones sexo-afectivas. Todo el tiempo, en todas partes, las personas se sienten atraídas, quieren simultáneamente a más de un humano. La cuestión es qué hacer con ello, tanto desde una perspectiva práctica (perseguir o no ese afecto), como desde una perspectiva teórica (cómo considerar ese suceso). Tamara Tenenbaum menciona:

> Si para la tradición monógama judeocristiana hacerse cargo del deseo implicaba hacerlo entrar en un molde específico y reprimir todo lo que no lograra encajar ahí, para el amor libre hacerse cargo del deseo es aceptar su volatilidad y su dificultad para entrar en patrones establecidos e incluso más: permitir que esa cualidad esencialmente disruptiva del deseo sea molde y motor de nuestros vínculos.[9]

En algunas relaciones monogámicas, que una de las partes se enamore de alguien más es una tragedia que hace a la relación menos verdadera; en otras, si no se lleva a lo físico, puede ser pasado por alto y no comprometerla. Con frecuencia se exige que se termine la relación, aunque sea amistosa, con esa otra persona. La existencia de un segundo cariño compromete la relación de pareja. En las relaciones abiertas con exclusividad afectiva, enamorarse de alguien es una traición al pacto, que puede llevar a renegociarlo o a terminarlo. De alguna forma ahí opera la misma lógica de la monogamia. En el poliamor no debería representar problema alguno: el fondo infinito del amor dicta que, sin economía de la escasez, dos (o más) amores simultáneos no tiene por qué ser un problema si se actúa con ética.

Una relación que me gusta recordar es la de una pareja de mujeres que conocí hace tiempo. Una de ellas, más tímida y calmada, tenía una segunda pareja desde hacía un par de años. A veces las tres salían juntas, a veces se veían en pares. La otra, extrovertida, amaba conocer personas y sus relaciones estaban más entre la amistad y el sexo casual. Cuando me contaron de su relación, me gustó ver cómo eran capaces de asumir sus distintos deseos y necesidades sin tratar de forzarlos a una estructura simétrica. Cero economía de la escasez ahí.

En mi caso, la mejor relación que he logrado construir fuera de la monogamia partió también de escuchar nuestras necesidades individuales. Empezamos en distintos lugares porque él nunca había tenido una relación abierta. Las cosas se fueron desenvolviendo lentamente: primero con más opacidad, sin contarnos mucho a petición de él, y poco a poco se volvieron más transparentes cuando se sintió preparado para abrirse. Yo salí con más personas, él con menos. Él conoció a alguien con quien yo salía, yo no. En el fondo de todo el amor había algo muy parecido a una amistad comprensiva y paciente.

Ya visto desde afuera de la idea de la pareja, la escritora peruana Gabriela Wiener ha escrito una gran cantidad de ensayos y hasta una obra de teatro que giran en torno a su relación con su esposo y su novia, que también es novia de él.* Su relación es además abierta, puesto que lxs tres parten de la idea de que no se pertenecen entre sí. Lxs tres y sus dos hijes viven en Madrid, y tienen una cama de cuatro metros. Leer sus textos es adentrarse en una intimidad descarnada y con mil matices.

♥

Aquí hay un punto que me interesa resaltar: aun si no existe una economía de la escasez, si podemos querer a más de una persona simultáneamente sin que el amor mengüe, esto no quiere decir que en automático estemos

* Creo importante aclarar que es una relación horizontal, es decir, no es más importante el título de marido y mujer que dos partes tienen.

capacitadxs para establecer relaciones con más de una persona. Establecer relaciones de manera ética es complejo y requiere más que unos cuantos whatsapps de vez en cuando para hacer la mímica de interés y encerrones de fin de semana. (O puede ser eso, pero siempre hablado, concertado, obedeciendo a necesidades comunes.)

No es fácil y requiere mucho trabajo (y tiempo). Mi yo más *amateur*, por ejemplo, estaba tan enfrascada en que nadie la limitara, casi casi como capricho puberto (pero ya bien entrada en mis veinte), que saltaba ante cualquier petición de ir más lento, o de no incurrir en alguna conducta. En la hipotética situación de que hubiera compartido casa con alguien, si esa persona me hubiera dicho: «no quiero que traigas a nadie aquí», yo me hubiera montado en mi macho (nunca mejor empleada la expresión) y hubiera gritado «tú no me gobiernas» o «no eres mi verdadera madre» o qué sé yo qué cosa egoísta y poco razonable. Probablemente también hubiera terminado por llevar a alguien, saltándome por completo la petición de mi pareja. Me encantaría decir que para llegar al punto en el que estoy ahora, en el que ya no haría esas cosas, solo tuve que sentarme una semana con mi *Ética promiscua* y una copa de vino a reflexionar bajo la luz mortecina de una lámpara de piso. Pero no, la realidad es que ha sido un proceso de años de prueba y error y de maduración, empatía, abrirme ante mí misma y estar dispuesta a entender de dónde vienen esos impulsos. Y ni así es infalible.

Con frecuencia, las personas van más rápido de lo que sus propios procesos les permiten, ya sea por la exigencia de su pareja o por su deseo de experimentar. El nivel de honestidad y autoconocimiento que se requiere pasa necesariamente por procesos críticos que son difíciles de llevar a cabo y, por tanto, poco atractivos para muchxs. Si muchxs no se hacen cargo ni de lo que les hace daño, si no intiman consigx mismxs, ¿cómo lo harán con alguien más? Este es uno de los problemas compartidos dentro y fuera de la monogamia.

♥

Conocí a O. en Bumble, una versión más fresa de Tinder que tiene la enorme ventaja de solo permitir que las mujeres den el primer paso. Fuimos por un café y desde el momento en que lo vi me di cuenta de que no sucedería nada con él. Tomamos un café largo y, en algún punto, no recuerdo por qué, hablamos de relaciones abiertas. Él, un especialista en energías renovables, con un edificio (¡un edificio!) en la colonia Roma, estaba muy interesado en el tema porque, como el ser progresista que se declaraba, le parecía la mejor forma de relacionarse. Nunca había estado en una y no sabía bien cómo funcionaban, pero aun así me explicó algunas cosas de las mismas. Evalué las posibilidades de que me fuera a descuartizar y concluí que seguramente era inofensivo. Entonces me dio un *ride* a mi casa y eso fue todo.

Luego, una semana después me propuso que nos viéramos. Para ese momento mi único interés en él era registrar ciertas manías que me habían parecido interesantes para un personaje que estaba escribiendo. No era suficiente para verlo de nuevo. Sin embargo, insistió y tomamos otra insípida cerveza que ya no abonó ni a mi personaje. Luego me siguió proponiendo que nos viéramos. Varias veces. Hasta que decidí que era suficiente. Le dije que le agradecía el interés, pero que mi vida estaba muy llena de situaciones en ese momento y no tenía intención de volver a verlo.

La respuesta me pareció muy simpática: «Ok, la verdad me llama la atención intentar tener una relación abierta contigo pero si estás muy ocupada lo entiendo».

Qué maravilla. No nos habíamos ni rozado las manos y ya me estaba proponiendo que tuviéramos una relación abierta. Me pareció aún más gracioso que me lo propusiera justo cuando le dije que no volveríamos a vernos. ¿Qué era esa extraña atracción que provocaba la frase? ¿Qué estaba interpretando que sería esa «relación abierta»?

En algún momento, me ha llegado a parecer que por algún conjuro mágico (quizá llamado *patriarquis patriarcadus*) muchos hombres escuchan algo totalmente distinto a lo que sale de mi boca cuando digo «tengo una relación abierta», algo así como «quiero contigo» o quizá «estoy por siempre soltera y disponible para ti». Es un fenómeno parecido al que ocurre cuando alguien dice «me gusta tal chica» y el abracadabra lo transforma a «quiero cumplir tus fantasías de un trío con dos mujeres».

Otro caso, más *pior,* pero parecido. Por una temporada salí con una persona con la que todo parecía ir muy bien, excepto por su necesidad de repetirme que no quería una pareja, al mismo tiempo que me trataba como si yo lo fuera, para luego ignorarme (es decir, no iba tan bien después de todo). Un buen día me dijo que se había enamorado de alguien y que tendría una relación monógama con esa persona. Hasta aquí todo se resolvía con una sobadita a mi ego herido. Lo que se puso más interesante fue su propuesta ulterior: me quería de verdad, dijo, pero una relación nos arruinaría, mataría la belleza de lo especial que era nuestro vínculo tan libre, dijo; como no quería que termináramos, entonces podíamos tener una «relación abierta» que durara por tiempo indefinido (para siempre), en la que nos reencontraríamos (tendríamos sexo) cuando él no tuviera pareja. No quería poseerme; mejor, me pidió que lo dejara «arruinar» su relación con otra chica bajo la ilusión de poseerla a ella. Nosotrxs éramos algo mucho más grande. ¡Me estaba ofreciendo libertad y no coerción! Ofertaza. Tardé un rato en darme cuenta de por qué me sentía tan enojada. En esencia, la propuesta que me hacía era ser una amiga de *backup* sexual y emocional, 100% libre de responsabilidad emocional, para que cuando cortara sus relaciones (o quizá antes, ya sabe cómo puede ser esto de la monogamia) transitara a ser la amante, y luego, cuando se presentara otra mujer con la que tener una relación monógama, yo volviera a ser su amiga, esperando pacientemente a que cayera de su siguiente novia. Y así de monogamia en monogamia con su colchoncito al que llama «relación abierta», pero que solo es relación mientras no haya nadie más para andar «en serio». En tanto que yo intento relacionarme desde el poliamor, siempre estaría disponible para esto. Muy libre todo. Le expliqué con poca paciencia todo eso y luego lo mandé por un tubo.

Una amiga me señaló que había escuchado un argumento muy similar en un macho tradicional: tengo a mi principal, mi luna y mis estrellas, y a «una amiga» muy muy especial, que cómo quiero, pero que no es para andar en serio, ni mucho menos requiere de cuidados o responsabilidad afectiva. Aunque el macho se vista de progre, macho se queda.

Así como esa historia salió mal, muchas otras han salido bien. He vivido y visto historias de cariño compartido entre varias personas, con comunicación y cuidados, donde la violencia y el engaño no son una constante y los hombres involucrados se comportan como seres amorosos y abiertos. Si hago énfasis en las historias «malas» es porque me parece importante hacer notar que estamos en esa encrucijada entre querer cambiar nuestras formas de relacionarnos y una educación que nos lo dificulta. En el caso anterior no creo que el humano haya pensado que me estaba proponiendo una ojetada, sino que genuinamente pensó que nuestro vínculo podía funcionar así, amparado también bajo el hechizo del *patriarchis patriarcadus.*

Es difícil desligar la monogamia de su historia de opresión a las mujeres, pero el amor libre, aun con su etiqueta de «producto igualitario, feminista. Contenido neto: 0% de opresión. Este producto no contiene coerción» al frente de su prístina caja de producto de novedad, no se salva de las potentes cuerdas del machismo. De hecho, en el contexto actual, las posibilidades de construir relaciones verdaderamente [inserte aquí todo lo que dice la etiqueta] son bajas. Alguien debería de agregar una nota de: «este producto se procesa en las mismas instalaciones donde se procesan productos que contienen patriarcado». El concepto de *ética* dentro de este tipo de relaciones (y yo diría que de todas) es fundamental porque lo más fácil sería solo glorificar, por un lado, la infidelidad y, por otro, el policonsumo de cuerpos.

La idea de amor libre ha dado pie a múltiples abusos: desde el hombre que, bajo la ondeante bandera del poliamor, se acuesta con todo el barrio sin la mínima responsabilidad, pasando por las muchas relaciones abiertas en las que unx de lxs participantes no sabe que lo es, hasta la presión para suprimir los propios sentimientos que acaba enloqueciendo a más de una.

La exploración individualista del poliamor, que algunos llamamos neoliberal, se centra en los deseos del individuo sin pensar en la comunidad o en lxs demás. En vez de ser una forma de vincularse críticamente, es una exacerbación de las mismas dinámicas que tienden a favorecer a quienes tienen más privilegios de por sí. Es una extrapolación de los intercambios capitalistas al ámbito de lo afectivo: lo uso, lo desecho. Por eso, Brigitte Vasallo hace énfasis en que salir de la monogamia no parte de coger más con más gente, sino de replantear la verticalidad de los vínculos y diversificar los afectos: sacar del centro de la vida a la pareja y expandir la idea de comunidad. Es más poliamoroso tener amistades fuertes, vínculos de reciprocidad con los vecinos, que usar y desechar corporalidades.

Otra crítica al amor libre se centra en la aún latente realidad de las mujeres que dependen de un hombre para su supervivencia en un mundo en extremo desigual. Desde un feminismo burgués la crítica sería hacia ellas por seguir dependiendo de un hombre en primer lugar, pero este señalamiento deja a un lado el hecho de que seguimos viviendo en un mundo en extremo sexista y desigual, y que la precariedad es tan grande que a veces simplemente no existe otra opción, ni en el imaginario, ni en la realidad. Sin los medios materiales para una supervivencia digna, los vínculos de este tipo, que tanto tiempo, recursos y esfuerzo toman, se vuelven mucho más complicados. Varias autoras señalan también que el poliamor puede replicar otras formas de violencia, como las que ejerce la sociedad hacia los cuerpos menos apegados a la norma: cuerpos viejos, gordos, racializados, trans, etc. Sin perspectiva crítica, hay mucho poliamor para lxs que están (estamos) envueltos en los privilegios blancos, joven, cis- y flacos, pero poco para lxs demás. Está, además, la violencia que se puede ejercer sobre las parejas no principales, que corren el peligro de ser solo apéndices u objetos de consumo si no se trata el tema con amor, honestidad y límites claros y consensuados.

Las relaciones no monógamas sí implican una pérdida de algunos privilegios de la monogamia. Por nombrar los dos más evidentes: sentirte especial por ser única para tu pareja (todas esas canciones pop de los noventa nunca volverán a sonar igual) y ser la prioridad eterna para esta. Además implica, como ya he dicho, un estigma social; si no lo crees, intenta hablar de poliamor en la cena de Navidad y observa qué sucede. El escrutinio hacia el exterior también se amplifica: siempre habrá alguien deseoso de verte caer para usarte como prueba de que el amor libre es una farsa, y más de una vez ese pequeño policía puede habitar dentro de ti.

En lo que respecta a la economía de la escasez, me parece importante aclarar que ahí hay otros factores además de la idea abstracta de que hay una cantidad limitada de amor. Es comprensible que quien sea, en verdad quien sea, se sienta insegurx ante la posibilidad de que su pareja sienta amor por alguien más. La volatilidad a la que las relaciones contemporáneas están sometidas (porque el mundo en general lo está), aunada a la falta de pretensión de un Parasiempre, y la ausencia del revestimiento de la institución matrimonial o de la presión social para quedarse juntos, hacen más preciosa que nunca la fantasía de la monogamia de que somos únicas para nuestras parejas. Parecería que caminamos en un puente colgante sobre un abismo, que difícilmente soporta a dos, y mucho menos a tres o más individuos. La nostalgia por el amor romántico es muy real, porque con todo y sus violencias se finca en la fantasía de que brinda certezas y seguridades en un mundo que no da ninguna. Nuestras relaciones de cualquier tipo son experiencias sociales y se viven dentro de contextos mucho más amplios que nuestro cuarto. Hay que salir del pensamiento individualista y entender cómo funcionan en el contexto y en relación con lxs otrxs. Solo así podremos construir vínculos reales que se sostengan en el tiempo.

El feminismo de los años setenta propuso el debate generalizado de si se podía amar sin poseer, y los experimentos de esa época dieron resultados diversos. Sin embargo, la idea misma es valiosa, como dice bell hooks: «A pesar de estas dificultades, que las mujeres tengamos la libertad de no ser monógamas, ejerzamos o no esa libertad, sigue quebrantando y desafiando la idea de que el cuerpo de las mujeres es propiedad de los hombres».

A mí me gusta regresar siempre a las preguntas que de alguna manera fueron mi punto de partida para llegar a donde estoy y a lo que creo: ¿qué pasa con las relaciones monogámicas a largo plazo? ¿Qué pasa con las necesidades sexuales diversas de los individuos? ¿Por qué tendría que pedirle a alguien que limite su vida en algún sentido para estar conmigo? ¿Por qué tendría que hacerlo yo? ¿Qué se hace con el deseo afuera de la pareja? ¿Por qué no intentar otras formas de tejer lazos?

Para mí, la entrada al mundo de la no monogamia es como un baile lento en el que lxs involucradxs tienen que leerse los pasos, pegar los cuerpos y sentir los impulsos de sus parejas. Si el paso va adelante, van los dos o los tres o los cuatro para allá, si el paso va para atrás, ni modo, para atrás todxs. Los procesos no se pueden forzar. La no monogamia puede ser una fuente enorme de alegrías pero también de abusos e irresponsabilidades. Cuando no es así, cuando se trabaja en pareja, en trío o lo que sea, crea lazos sólidos y un cariño profundo, la sensación de honestidad y de apoyo. Una relación que ha sido, en lo posible, pensada para las personas que participan de ella y nada más, escuchando necesidades y limitaciones, pero también gozos.

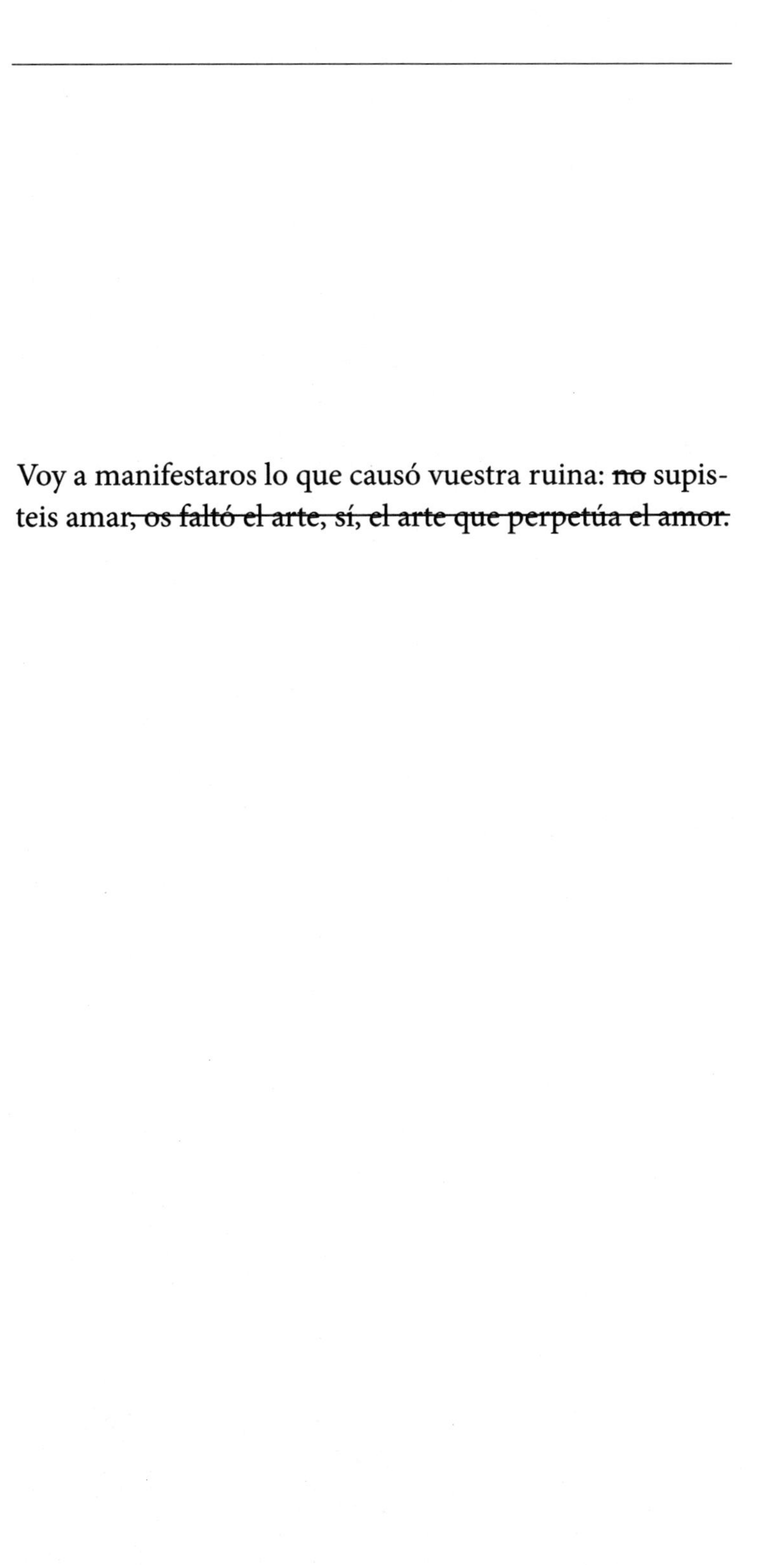

Voy a manifestaros lo que causó vuestra ruina: ~~no~~ supisteis amar~~; os faltó el arte, sí, el arte que perpetúa el amor.~~

El siglo que aprendí que no sé amar, o inconclusiones fragmentarias

En los tres años que me tomó escribir este libro, me sumergí en una exhaustiva investigación teórico-práctica. La parte teórica estaba fríamente calculada, la práctica se llama «vida» y se salió de toda planificación. Un libro se escribe con el corazón tanto como con el cerebro. El balance varía, a veces mucha razón y poca entraña; a veces lo contrario. En este caso, las lecturas influyeron en mi vida y mi vida en las palabras, al grado de que no podría pintar líneas claras. Lo que leía me nublaba el cerebro más de lo que despejaba mis dudas, y mis experiencias me hacían cuestionar hasta mi capacidad de escribir un libro sobre eso. Muchas acciones antes automáticas se me volvieron un *performance* de teatro del absurdo de tanto pensar en el amor. A veces parece que sumergirse de lleno en un tema así equivale a dejar de practicarlo con naturalidad.

Sin embargo, me convencí más que nunca de que hay que pensar el amor y las relaciones, que es necesario conocer sus perspectivas antropológicas, históricas y filosóficas. Que esa «naturalidad» no lo es. Los estudios sobre la llamada «vida íntima» realizados desde distintas disciplinas en los últimos cincuenta años demuestran en qué medida la intimidad también es política y, a la vez que reproduce patrones patriarcales, racistas y capitalistas hacia adentro de nuestras relaciones, contribuye a que el *statu quo* no cambie. Solo al reconocer y resignificar los elementos que componen las interacciones entre los géneros y clases se puede comenzar a cambiarlas.

Los debates, con mucha reflexión o poco informados, se mediatizan en todas direcciones, al grado de que entrar a Twitter debería estar catalogado como una especie de esquizofrenia.

¿Cómo podemos formarnos una opinión propia? Las preguntas que rodean a la subjetividad, elecciones, deseos, están más en disputa que nunca y también la propensión a opinar sin el tiempo necesario para que el pensamiento se desenvuelva y crezca. Si Eva Illouz afirma que hemos perdido la capacidad de decir quiénes somos y qué queremos de la otra persona, lo hace porque en esta época sin dios y sin instituciones reguladoras universales, el mercado y sus volátiles vaivenes influyen en todo. Las redes sociales son parte de esto. Quizá esto suene un tanto abstracto, pero en realidad se puede sentir cabalmente en el cuerpo. En el momento en que nos cuestionamos por qué queremos lo que queremos y cómo podemos comportarnos «mejor» con respecto a nuestras relaciones, la situación se relativiza al grado de que puede resultar desalentadora. ¿Si mis formas de entender el amor vienen de estructuras ajenas a mí, qué tanta capacidad de movimiento tengo? En estas últimas páginas quiero rondar esta pregunta, y más que una conclusión grandilocuente, quiero hacer una invitación a seguir pensando en maneras de estar juntas y de construir relaciones menos violentas, más honestas.

♥

Esa innovación reciente* llamada «Hágalo usted misma: elija a su pareja», por más dulce y seductora que sea (y por más preferible que es ante una imposición familiar), tiene muchos matices, desde la presión e inseguridad que nos hace sentir, hasta la barrera del gusto. Para empezar, nos pone en medio de lo que Illouz llama el mercado del amor, un lugar de competencia eterna en la que las leyes del mercado, oferta, demanda, escasez, intervienen en nuestra elección de pareja. Siempre podemos tener un mejor producto, siempre podemos ser más felices. Si se rompe, lo cambio. Dejar de ver a los demás como prendas baratas de *fast fashion* es un paso importante para dejar de precarizarnos entre nosotrxs. No somos una x a la izquierda en Tinder, una foto en una pantalla, ni una marca de yogur griego en el congelador del súper.

♥

El deber ser de la relación sana, de la deconstrucción, de hacerlo todo bien, el autocuidado, el miedo al daño, la antivulnerabilidad. Para el siglo que habitamos, el dolor

* Estudié Letras Clásicas, 150 años me suena bastante reciente.

es algo que no tiene otra función más que la teatralidad del camino al paraíso en el amor. Los hombres resienten especialmente esta demanda de estoicismo (que no es más que la represión de las emociones). Nosotras nos tragamos parte de las consecuencias. De ahí tantos clichés: mujeres lloronas y dramáticas, hombres racionales y secos. Y, sin embargo, también a nosotras se nos exige cada vez más que nos alejemos del dolor, que compremos la cultura de la felicidad, de «tu sonrisa es tuya, nadie te la puede quitar». La demanda cultural de la felicidad a ultranza y el rechazo del dolor son un producto posmoderno que puede llevarnos a un perpetuo sentimiento de fracaso.

Si con todas las herramientas que me da el feminismo, la terapia, los medios, sigo cagándola y cayendo una y otra vez, el problema debo ser yo. Esta visión individualista deja a un lado las opresiones estructurales que causan el dolor y pone un peso sin precedentes en lo que sentimos como la obligación del autocuidado. Quizá la clave es asumir que no estoy obligada a controlar todo, porque todo está, por definición, fuera de control. No estoy obligada a la coherencia total: eso no existe. Esto no quiere decir que quiera correr como hiena desbocada en todas direcciones, ni mucho menos es una invitación a no tomar en consideración al otrx. Es solo un llamado a la paciencia, a la empatía y a no perder de vista las opresiones que nos rodean y las que nosotras mismas ejercemos. También es importante entender el trauma en nuestras historias personales y las de lxs demás. Ese es el primer paso para construir una ética personal del amor que nos permita relacionarnos sin ser cuchillos para el otrx y para nosotras mismas.

No podemos ser coherentes todo el tiempo, y yo diría que tampoco deberíamos. No somos máquinas de la razón, somos también cuerpo y sensibilidad. Somos errores y llanto. Si tenemos muchas ganas de ir a rasparnos la rodilla contra el pavimento, por mucho que nuestras amigas nos den los consejos mejor intencionados, nos vamos a ir a raspar de todas formas. El amor duele y siempre ha dolido, el papel que le damos a ese dolor y lo que hacemos con él es lo que cambia. Para mí es un absurdo plantear la desaparición del dolor en las relaciones sexo-afectivas. Lo que podemos pensar diferente es qué dolor es bueno y permite construir y qué dolor se vuelve sufrimiento y es más bien parte del camino cristiano de madrazos para llegar al paraíso. El segundo es violento; el primero, generador.

Aspirar a relacionarnos de manera más honesta y con *buenas* intenciones no garantiza nada (hay tanto que se nos escapa), pero es un buen inicio y un gran cambio con respecto a la cultura del misterio del amor, esa en la que nada se comunica y todo se adivina en nombre de sepa dios qué misticismo erótico. Lo mismo sucede con la vulnerabilidad, que es, para mí, la única forma de relacionarnos que vale la pena. Nos arriesga, sí, y nos hace estar cerca del abismo, pero también nos permite crear lazos profundos y significativos.

♥

Mi encuentro con Z. sucedió hace cerca de ocho años, y sus palabras, «nunca te has enamorado», siguen dando vueltas en mi cabeza de vez en cuando. Creo que quienes hemos tratado de dejar a un lado la fantasía del amor romántico adolecemos en cierta medida de certezas. Es decir, podemos enunciar racionalmente cosas como: «quiero una relación basada en la honestidad, en la que seamos compañerxs, sin celos, en la que cada quien sea dueñx de sí mismx, sin juegos de poder ni competencias». Hermoso. Bellísimo. Sin embargo, a la hora de la acción, la carga de lo que hay afuera y adentro de nosotras pesa. Entre todo este desbarajuste, la paciencia y el trabajo constante, renunciar a la idea de perfección ayuda mucho.

♥

A lo largo del siglo XX se difundió ampliamente la idea de que el sufrimiento en el amor era fruto del individuo, que nuestra historia familiar constituía la clave del enigma de nuestros dolores en el amor. Pensadoras feministas, desde Beauvoir hasta Lagarde, han señalado cómo esta clase de afirmaciones a menudo deja fuera los procesos culturales, las opresiones sistémicas que forjan nuestras subjetividades. Eva Illouz, con todo su exhaustivo estudio del sufrimiento en el amor, lanza un grito que suena desesperado y esperanzador a la vez: «En este momento es urgente afirmar que las fallas de nuestras vidas privadas no son el resultado de psiques débiles, sino que, más bien, los altibajos y miserias de nuestra vida emocional están moldeados por mecanismos institucionales».[1] Desde el psicoanálisis y la neuropsiquiatría más críticos, estas ideas se ven unidas en su complejidad: el trauma, las heridas profundas, vienen de afuera hacia adentro. Un esposo precarizado, discriminado, aplastado por el mundo, que llega a humillar a su esposa es a la vez víctima y victimario, y abona a continuar el ciclo. Una mujer rechazada desde que nació por su apariencia física tendrá mucho más trabajo por delante para subsanar esas heridas y relacionarse desde otro lugar que no sea una inseguridad extrema. Lo que nos ha pasado en nuestra historia de vida es a la vez profundamente singular y totalmente colectivo.

♥

El amor romántico, lejos de ser la panacea de la felicidad que nos vende, es la clave de muchas miserias. Nuestras educaciones divididas nos hacen dar todo por amor si somos mujeres, y recibir, en muchos casos, migajas de parte de hombres educados para dar lo mínimo y recibir lo máximo. Claro que hay sufrimiento ahí, para ambas partes. Es una forma de relacionarnos profundamente injusta, como lo es la estructura que la alberga. Una canción dice, en referencia a una mujer a la que muchos hombres le han fallado que «tal vez no sabes escoger/o estás buscando el mismo flow/que tenía tu ex». Las dos opciones están centradas en que la mujer en cuestión no es particularmente lista. Algo está haciendo mal ella solita. No se le ocurre al señor cantante que a lo mejor es porque la socialización de los hombres tiende a hacer complicado lidiar con ellos en relaciones sexo-afectivas.

Sin quitar nuestra propia responsabilidad individual, porque no se trata de eso, muchas de nuestras congojas actuales nacen de lugares afuera de nosotras. En el amor, las mujeres se abandonan y los hombres se mantienen soberanos. Muchos de ellos no pueden con la noción de perder un ápice de ese dominio sobre sí mismos (y ultimadamente sobre nosotras) y, abrazando bien fuerte ese mazapán que es la masculinidad, se repliegan y exigen no amar nunca en plenitud. Un primer impulso que he sentido en situaciones así es volcar todo mi cariño para rodear esa corteza, con la esperanza de que *mi amor la rompa*. Esto, por supuesto, es una trampa más del amor romántico. Si conocemos las estructuras que determinan muchos de nuestros comportamientos, podemos pensarlos desde otros ángulos, hacernos también responsables de no volcar todo hacia allá. De no dejar de hablarle a todxs nuestrxs amigxs cuando nos enamoramos, de no cancelar todas nuestras actividades para estar con alguien, de no desatender a quienes amamos fuera de los límites del amor de pareja. El amor romántico contribuye a reproducir las divisiones genéricas, replica los patrones que mantienen a la sociedad dividida en un binarismo violento, más violento aún porque excluye todo aquello que no sea binario. Salgamos de la pirámide que tiene a la pareja hasta arriba y todo lo demás por debajo. Ahí sí tenemos injerencia, ahí sí podemos hacernos responsables poco a poco de nuestras propias formas de articular nuestra vida alrededor del amor romántico.

♥

Es esencial tratar de encontrar el balance entre no soportar conductas violentas y no dejarnos seducir por la promesa de un más allá utópico, de una relación perfecta y prístina. Esta última es la hija fantasmagórica del amor romántico y el mercado. En la medida en que sepamos que no existe, podremos crear expectativas más realistas y relacionarnos con un humano y no con un ente abstracto en nuestra cabeza. No está de más repetir que el Amor Romántico S.A. de C.V. solo nos permite unirnos desde la fantasía, y es siempre una barrera para conocer al otrx.

Mas que un manual para amar, lo que me parece útil es una revisión de aquello que enmarca nuestras relaciones y cómo, a partir de eso, podemos pensar la intimidad desde un ángulo más amable para todxs lxs involucradxs.

Que ame mañana quien nunca ha amado, quien ha amado que ame mañana.

Pervigilium Veneris

Una posdata: carta de amor a Ovidio

Querido Ovidio:

Contrario a lo que estas páginas podrían insinuar, entre las tuyas, que fueron rollos, encontré algunos de los versos que más he amado e ideas que aún atesoro. Si apareces en este libro no es como el malo de la historia, sino como una llamada de atención para que quienes, por increíble que parezca, aún comparten ideas contigo se den cuenta de que estás atrapado más allá del devenir del tiempo, en el pasado distante del a.C.-d.C. Lanzaste un desafío para muchxs lectorxs de tu época, que te juzgaron incluso libertino por hablar sin tapujos de amor y deseo, y así te ganaste un exilio que nadie sabe con exactitud de dónde vino, pero que tuvo todo que ver con tu *Ars amatoria*. Tus *Heroidas* son un contrapeso a un canon que solo permitía unas pocas líneas a las mujeres de los mitos, un conjunto de cartas de heroínas en el que dejaste que cantaran loas y reproches a sus pares masculinos. Un contrapeso como se podía en la época: escrito por un hombre, pero con una sensibilidad profunda y bella. No pretendo incurrir en la locura del revisionismo, ni siquiera pretendo insinuarte como un hombre feminista (existan o no). Eso, para empezar, sería anacrónico, y para seguir, sería estúpido; lo que quiero con estas líneas de cierre es deshacer la idea contraria. Fuiste un poeta de tu tiempo y, como tal, se te permitió incurrir en una que otra transgresión al *statu quo*. Y yo solo pienso que, como dices en tus *Tristes*, cuando leo algunas de tus obras, «escurre de mis ojos aun ahora una lágrima». Larga vida a tus metamorfosis en el tiempo y a las infinitas posibilidades de lectura que brindan. Larga muerte a reproducir los mismos patrones opresivos que hace dos mil años.

Con amor, Aura.

Este libro se escribió con el apoyo y lecturas críticas de mucha gente, en especial de Irasema Fernández, Berenice Andrade, Alfredo Bojorquez y Danush Montaño, que tallerearon pacientemente durante más de un año algunas de sus páginas. A Sofía, quien también estuvo en algunas sesiones cruciales del taller. Gracias infinitas a Gaby Palapa y Diego Rodríguez por sus comentarios, que nadie más podría haberme hecho. A César Galicia por su lectura minuciosa y por confrontar mis prejuicios en la última etapa de revisión. A Marian y Cota por su seminario de teoría feminista que me puso a pensar y repensar. A quienes accedieron a hablar de amor conmigo durante estos años: Elisa, Aemilia, Roberto, Mariano, Cristina y tantxs más. A mis maestras de la carrera de Letras Clásicas, que me enseñaron a leer críticamente a los clásicos. A Mary Beard por abrirme el mundo a otras lecturas de la antigüedad. A Kyzza, por el cariño y el diálogo. Y por último pero no menos importante, a mi mamá por demostrar tantas cosas con el ejemplo y a su manera.

NOTAS

EL FILÓSOFO DE LA SALSA, O ¿QUÉ ESTÁ PASANDO?

1. Esta declaración es parte del primer capítulo de la serie documental «In a Few Words», *Monogamy, explained,* producida por Netflix y Vox.

2. Disponible en www.dailymotion.com/video/x80l0ll

EL HILO ROJO, O QUE SI ESTO ES EL AMOR

1. En muchos lugares se encuentra referida esta cuestión química. En el documental que mencioné antes, *El amor, más que un sentimiento,* se expone un panorama de ello.

2. Anne Carson, *Eros the Bittersweet,* Dalkey Archive Press, Londres, 2015, p. 23.

3. Esther Perel, *Mating in Captivity: Reconciling the Erotic and the Domestic.*

4. Traducción de Juan Valera, *modernizada* por mí. Disponible en http://www.cervantesvirtual.com/obra-

visor/dafnis-y-cloe--0/html/feffe876-82b1-11df-acc7-002185ce6064_1.html

5. Y, de hecho, tiene ciertas características compartidas con la droga. Véase al respecto: Jonathan García-Allen, «La química del amor: una droga muy potente», *Psicología y Mente*, disponible en https://psicologiaymente.com/neurociencias/quimica-del-amor-droga-potente

6. Por ejemplo, esta reseña que le da al libro ¡una! estrella: «Mientras leía este libro, de pronto me encontré cuestionando mi matrimonio desde todos los ángulos. Aparentemente tendría que mantener una distancia con mi esposa o nos vamos a aburrir el uno del otro. ¿Quizá me fío demasiado en la comunicación verbal para expresar mis emociones? Claro, las cosas van muy bien por ahora, pero ¿estoy montando el escenario para un segundo acto miserable? ¿Mi esposa sería más feliz si estuviera casada con alguien que no hable inglés? Renuncio. No necesito un libro que me haga cuestionarme y dudar de los aspectos felices de mi vida».

7. Estas ideas se pueden encontrar en *Claves feministas para la negociación en el amor, Los cautiverios de las mujeres: madresposas, monjas, putas, presas y locas*, y diversas conferencias que ha impartido Marcela Lagarde.

8. Esta idea tiene que ver también con el hecho de que una mujer en prisión recibe un doble castigo, uno por haber roto la ley y otro por haber roto el designio de la feminidad. Se puede leer más en: Carlos Augusto Hernández Armas, *El estigma de las mujeres en reclusión en México: una mirada desde el interaccionismo simbólico, TraHs*, núm. 3, 2018, disponible en https://www.unilim.fr/trahs/862

EN TU ESCUELITA DAME CLASES DE PLACER, O TAMBIÉN SE APRENDE A AMAR

1. El término fue acuñado en 1250 por Pedro el Hispano, médico y teólogo, en su tratado *Quaestiones Super Viaticum*.

LAS PURITANAS DEL LIGUE, O TIENES UN NUEVO *MATCH*

1. Donna Zuckerberg estudia esto en su libro *Not All Dead White Men,* Harvard University Press, Cambridge, 2018. En caso de que no esté claro, es literal: adolescentes usando a Ovidio como referencia.
2. La traducción es de Maritza Izquierdo, en Editorial Verbum.
3. «Ovid's Game», *Lapham's Quarterly*, 8 de octubre de 2018, disponible en https://www.laphamsquarterly.org/roundtable/ovids—game
4. Alex Williams, «The End of Courtship?».
5. Moira Weigel, *Labor of Love: The Invention of Dating*, Farrar, Straus and Giroux, Nueva York, 2016.
6. Estas ideas se encuentran en el capítulo «La construcción de la utopía romántica», en *El consumo de la utopía romántica,* Kaz Editores, Madrid, 2009.
7. Illouz dice al respecto: «A modo de síntesis, en los primeros cuarenta años del siglo XX, la publicidad y el cine, dos industrias culturales cada vez más extensas y poderosas, desarrollaron e impulsaron un ideal utópico del amor que prescribía un matrimonio emocionante y romántico por siempre, lo cual se lograba si la pareja participaba en el dominio del ocio. Estas industrias cultura-

les sirvieron como marco simbólico para que los nuevos ideales sobre la pasión se asociaran y se fusionaran con las nuevas prácticas de consumo». *Ibidem,* p. 71.

TRES MODELOS PELIRROJAS EN LA CAMA, O IDEALES DE BELLEZA DE OTRO PLANETA (NÓRDICO)

1. *Coger y comer sin culpa: el placer es feminista,* Paidós, México, 2020.

2. «El cuerpo es una historia de amor que también acaba», *Vice,* 25 de marzo de 2020, disponible en https://www.vice.com/es_latam/article/z3bk7a/el-cuerpo-es-una-historia-de-amor-que-tambien-acaba

3. *Op. cit.,* posición 393 de la edición para Kindle.

4. Federico Navarrete, *Alfabeto racista de México,* Malpaso Ediciones, 2017, entrada de «Aspiracional».

5. *Dataclysm: Love, Sex, Race, and Identity--What Our Online Lives Tell Us About Our Offline Selves,* Crown, Nueva York, 2015, p. 103. Son datos de Estados Unidos.

UNA NOCHE LOCA CON UNA VARITA, O SEXO, ORGASMOS Y DESGRACIAS

1. Paul B. Preciado, «Museo, basura urbana y pornografía», *Las Disidentes,* disponible en https://lasdisidentes.com/2012/08/12/museo-basura-urbana-y-pornografia-por-beatriz-preciado/

2. La *agencia* es un concepto emanado de la antropología que se utiliza en la teoría feminista. Algunas definiciones son las siguientes: «En términos generales, agencia es un componente básico de todos los conceptos que ex-

plican, quién o qué dispone, adjudica e influye sobre qué tipo de actuación. Por poder de actuar, se entiende la actuación de individuos en la sociedad y la capacidad de diseñar libremente las propias circunstancias de vida (Niermann *et al.*, 2012: 9-17). Emirbayer y Mische asocian los siguientes adjetivos con el término *agencia*: *autorreferencia*, *motivación*, *decisión*, *elección*, *intención*, *iniciativa*, *libertad* y *creatividad* (Emirbayer, Mische 1998: 962). Todas estas definiciones tienen un factor en común, la conexión entre el poder y el potencial de un individuo para tomar decisiones libres como actor principal». Disponible en https://www.lai.fu-berlin.de/es/e-learning/projekte/frauen_konzepte/projektseiten/konzeptebereich/lista6/agencia.html

3. Estefanía Grijota, «Las mujeres también consumen porno y estos estudios explican sus preferencias», 5 de mayo de 2017, *La Vanguardia*, disponible en https://www.lavanguardia.com/vivosexo/20170505/422036431472/las-mujeres-tambien-consumen-porno-y-estas-son-sus-preferencias.html

4. *El consumo de pornografía: diferencias de género e influencia en las relaciones de pareja* (trabajo de fin de grado), Universidad Francisco de Vitoria, Madrid, disponible en http://ddfv.ufv.es/xmlui/bitstream/handle/10641/1567/Adriana%20Esteban.pdf?sequence=1&isAllowed=y

5. Adriana Esteban, citando a A. J. Bridges y P. J. Morokoff, «Sexual Media Use and Relational Satisfaction in Heterosexual Couples», *Personal Relationships*, 18(4), 2011, pp. 562-585, disponible en https://onlinelibrary.wiley.com/doi/abs/10.1111/j.1475-6811.2010.01328.x, y C. Grov *et al.*, «Perceived Consequences of Casual On-

line Sexual Activities on Heterosexual Relationships: A U.S. Online Survey», *Archives of Sexual Behavior*, 40(2), pp. 429-439, disponible en https://pubmed.ncbi.nlm.nih.gov/20174862/

6. Gabriela Wiener, «El sexo de las supervivientes», *El Diario*, 30 de abril de 2018, disponible en https://www.eldiario.es/opinion/zona-critica/sexo-supervivientes_129_2143915.html

7. Léa J. Séguin, Carl Rodrigue y Julie Lavigne, «Consuming Ecstasy: Representations of Male and Female Orgasm in Mainstream Pornography», *The Journal of Sex Research*, vol. 55, núm. 3, pp. 348-356, disponible en https://pubmed.ncbi.nlm.nih.gov/28632461/

8. Luciana Peker, *Putita golosa*, Galerna, Buenos Aires, 2018, p. 171.

9. *Ibidem*, p. 172.

10. En *Antes que anochezca*, Reinaldo Arenas no tiene empacho alguno en describir sexo con cabritos y con primos. En el medievo feudal hay registros de que, entre la aristocracia de la época, las relaciones homosexuales entre mujeres en el gineceo y entre amigas eran una preocupación para la Iglesia. Por lo tanto, sucedía mucho. El reguetón le canta a noches de placer.

EL HOMBRE RACIONAL, O UNA CUESTIÓN DE GUSTOS

1. Quiero añadir aquí (porque no tiene desperdicio) un fragmento de la columna «Men prefer younger women not for their firmer bodies – but their greater admiration», en la que Zoe Williams respondió al incidente en *The Guardian*: «Existe una cantidad máxima de veces en las

que una mujer se puede molestar por lo que un intelectual francés piensa de su trasero. Yo creí que ya había llegado a ese tope cuando en los 90 Michel Houellebecq escribió una elaborada analogía de 300 páginas entre la liberación sexual y el capitalismo de libre mercado, en la que concluía que las mujeres estaban destruyendo la dignidad de los hombres. Una version de extrema izquierda de Jordan Peterson, que era, si es que tal cosa es imaginable, aún más molesta». Disponible en inglés en https://www.theguardian.com/commentisfree/2019/jan/09/men-prefer-younger-women-not-for-their-firmer-bodies-but-their-greater-admiration

2. «Y yo, que estoy aún en la veintena y he salido con hombres más mayores, tengo una opinión diferente al respecto. Curiosamente, uno de los atractivos que parecemos tener quienes nos encontramos todavía en esta década, es que somos vistas como criaturas dóciles y fácilmente impresionables... Reafirmación o llevar siempre la razón, cosas que vienen a ser en definitiva una manera de sentir que es el hombre quien ostenta el poder, son para ellos un gran aliciente en vez de estar con alguien que suponga una fuente de conflicto o un reto.» Duquesa Doslabios, «Hombres mayores con mujeres jóvenes, ¿qué es lo que realmente les gusta?», *20 Minutos*,11 de enero de 2019, disponible en https://blogs.20minutos.es/el-blog-de-lilih-blue/2019/01/11/hombres-mayores-mujeres-jovenes/

3. Agradezco infinitamente a César Galicia por hacerme pensar estos matices. En especial desde el episodio «¿Y si fuera al revés?» del pódcast *Estética unisex.*

4. Christian Rudder, *Dataclysm: Who We Are (When We Think No One's Looking)*, Crown, Nueva York, 2014, p. 29.

5. Samantha Allen, «'No Blacks' Is Not a Sexual Preference. It's Racism», *The Daily Beast*, 22 de junio de 2020, disponible en https://www.thedailybeast.com/no-blacks-is-not-a-sexual-preference-its-racism?fbclid=IwAR207sDWlWYcK7zEpjcTd2BLMHl8Pvu-9F3OX9nWpMRh41E0lMBjwYuo2n-I

6. *Idem*.

EL SÍ CAMUFLAJEADO, O EL CONSENTIMIENTO NO ES UNA TAZA DE TÉ

1. El relato al que se refiere es «Coger sin querer y sin decir que no (una historia sobre consentimiento)», Volcánica, 26 de octubre de 2018, disponible en https://nomada.gt/nosotras/volcanica/coger—sin—querer—y—sin—decir—que—no—una—historia—sobre—consentimiento/

2. Tamara Tenenbaum, *El fin del amor. Amar y follar en el siglo XXI*, Seix Barral, 2021, pp. 256-257.

EL LLANTO DE JUAN GABRIEL, O ASÍ LLORAMOS TODAS, TODOS Y TODES

1. «Te quiero tanto que duele», *ABC*, 10 de febrero de 2008, disponible en http://www.abc.com.py/edicion-impresa/suplementos/abc-revista/te-quiero-tanto-que-me-duele-1043479.html

2. bell hooks, *The Will to Change*, Washington Square Press, Nueva York, 2004.

3. Sara Ahmed, *La promesa de la felicidad. Una crítica cultural al imperativo de la alegría*, Caja Negra, Buenos Aires, p. 178.

PARA SIEMPRE ME PARECE MUCHO TIEMPO, O EL MATRIMONIO YA NO ES LO QUE ERA

1. David Popenoe y Barbara Dafoe Whitehead, de la Universidad de Rutgers, lo confirman al afirmar que, según algunos estudios: «Los jóvenes son cada vez más pesimistas acerca de sus probabilidades de tener tal matrimonio y tanto los varones como las mujeres aceptan que se tenga hijos sin casamiento y otro tipo de uniones», como reporta María Antonieta Barragán en su libro *Soltería: ¿elección o circunstancia?*

2. Disponible en https://en.wikipedia.org/wiki/List_of_people_with_the_longest_marriages

3. Stephanie Coontz, *Marriage, a History: How Love Conquered Marriage*, Viking, Nueva York, 2006, p. 45.

4. Disponible en https://www.youtube.com/watch?v=Gckr5fCR7PM

CAPILLITAS Y CATEDRALES, O LA MONOGAMIA Y LA NO MONOGAMIA

1. Danilo Castelli, «Amor libre y amor neoliberal», disponible en https://medium.com/@danilocastelli/amor-libre-y-amor-neoliberal-61173e12ba3b

2. Brigitte Vasallo, *Pensamiento monógamo, terror poliamoroso*, La Oveja Roja, Madrid, 2018, p. 29.

3. Me parece relevante la acotación que hace Vasallo respecto de la idea de natural: «El debate sobre la hipotética naturalidad de las formas sociales viene siempre a reforzar el estado de las cosas: es siempre un argumento inmovilista y hegemónico». *Ibidem*, p. 141.

4. En el resto del episodio sobre monogamia de la serie *In a Few Words* de Netflix, Barash argumenta cosas como que los hombres tienen grandes razones para ser promiscuos porque así se asegura la reproducción de la

especie. De las mujeres, ni palabra. Reproduzco otra de sus afirmaciones porque me parece interesante: «... even though monogamy isn't natural and therefore isn't easy, it does offer the benefit of biparental care. It's very rare for any species to engage in biparental care unless the males are guaranteed that they are genetically related to the offspring—confidence monogamy alone can provide. And because human children need so much parental assistance, protection and investment, humans, perhaps more than any other animal, especially benefit from monogamy». Lo que no se cuestiona aquí es por qué es tan raro que un hombre solo quiera hacerse cargo de aquella criatura que salió de su semen (cuando quiere, porque bien sabemos que no siempre pasa); no pone en la mesa que hay algunos contextos sociales en los que las mujeres son menos dependientes en lo económico y, por tanto, capaces de encargarse de sus hijas ellas solas o en comunidades que no dependen de la idea de pareja, y que el sistema de inequidad que lo impide es uno creado por hombres. «Monogamy Is Not Natural But It's Nice», *Time*, 10 de septiembre de 2015, disponible en https://time.com/4028151/david-barash-is-monogamy-over/

5. Ryan Christopher y Cacilda Jethá, *Sex at Dawn: The Prehistoric Origins of Modern Sexuality*, Harper, Nueva York, 2010, p. 30.

6. Disponible en https://www.youtube.com/watch?v=N7vXX33C6Mg

7. «Cuando los estudios psicológicos de la conducta humana se pusieron de moda a finales del siglo XIX, Krafft-Ebing y Freud intentaron crear más tolerancia con la teoría de que los putones no son malos sino que están enfermos, que sufren de una psicopatología que no es su culpa, puesto que las neurosis se derivan de tener la sexualidad deformada por sus padres/madres durante su apren-

dizaje del control del esfínter. Por eso, decían, no debemos quemar putones en la hoguera sino que, en su lugar, deberíamos enviarles a hospitales psiquiátricos para ser curados en un ambiente que no permitiera la expresión sexual en absoluto, fuera sana o no.» Janet W. Hardy y Dossie Easton, *Ética promiscua*, Melusina, Barcelona, 2013, en el capítulo «Opiniones sobre los putones».

8. Citado en Christopher Ryan, *Sex at Dawn*, *op. cit.*, p. 45.

9. Tamara Tenenbaum, *El fin del amor. Amar y follar en el siglo* XXI, Seix Barral, 2021.

EL SIGLO QUE APRENDÍ QUE NO SÉ AMAR, O INCONCLUSIONES FRAGMENTARIAS

1. Eva Illouz, *Why Love Hurts*, Polity Press, Cambridge, 2012, p. 4.

ÍNDICE